맞춤법 + 받아쓰기 동영상 강의

효과적인 맞춤법과 받아쓰기 학습

KB118833

맞춤법 강의

8주 3일 | 비추다 / 비치다

비추다
뜻 빛을 쏘아 무엇을 밝히거나 나

비치다
뜻 빛이 나서 환하게 되다.

맞춤법 강의

2주 2일 | ㄲ, ㅋ 받침 뒤에서 된소리가 나는 말

낚시
[낙씨] 따른 소리

쓰기
낚 시

맞춤법 + 받아쓰기

무료 스마트 러닝

▶ 친절한 맞춤법 원리 강의

QR코드를 스캔하여 맞춤법 원리 동영상 강의를 바로 볼 수 있습니다. 초능력쌤의 꼼꼼하고 친절한 강의로 맞춤법 실력을 탄탄하게 다져 보세요.

♪ 정확한 소리를 듣는 전체 듣기

QR코드로 전체 내용과 받아쓰기를 들을 수 있습니다. 쓸 때와 들을 때의 소리가 어떻게 다른지를 생각하며 들으면 받아쓰기 실력이 쑥쑥 자라게 됩니다.

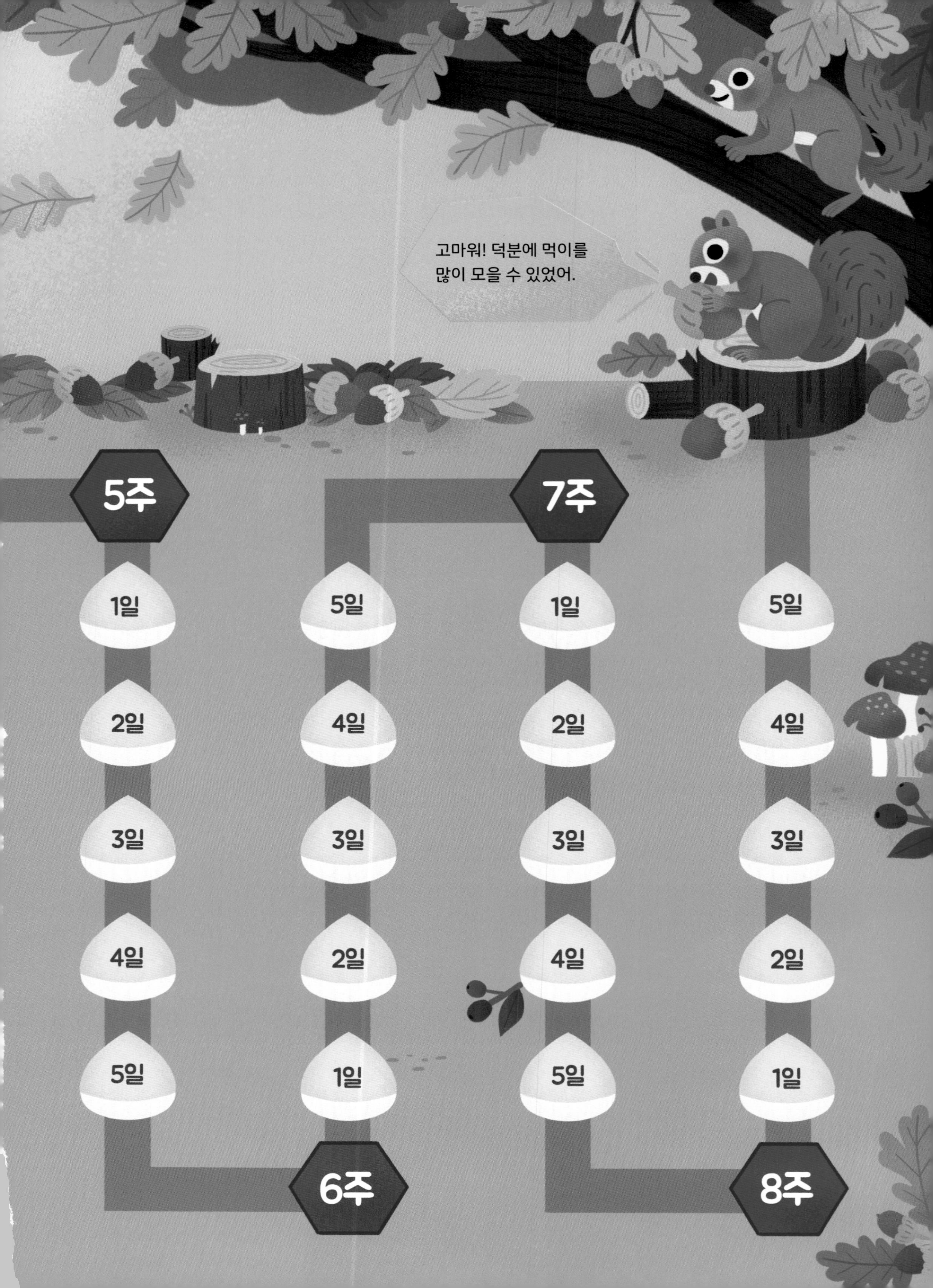

고마워! 덕분에 먹이를
많이 모을 수 있었어.

5주

1일

2일

3일

4일

5일

5일

4일

3일

2일

1일

6주

7주

1일

2일

3일

4일

5일

5일

4일

3일

2일

1일

8주

 **학습 진도표**

학습을 마칠 때마다
붙임딱지를 붙여 주세요.

공부를 끝낼 때마다
밤 붙임딱지를 붙여서 내가
먹이를 모을 수 있게 도와줘!

1주

1일
2일
3일
4일
5일

5일
4일
3일
2일
1일

2주

3주

1일
2일
3일
4일
5일

5일
4일
3일
2일
1일

4주

기초 학습 능력 강화
초능력 시리즈

국어 독해 P~6단계(전 7권)

- 하루 4쪽, 6주 완성
- 국어 독해 능력과 어휘 능력을 한 번에 향상
- 문학, 사회, 과학, 예술, 인물, 스포츠 지문 독해

비주얼씽킹 한국사 1~3권(전 3권)

- 한국사 개념부터 흐름까지 비주얼씽킹으로 완성
- 참쌤의 한국사 비주얼씽킹 동영상 강의
- 사건과 인물로 탐구하는 역사 논술

맞춤법+받아쓰기 1~2학년 1, 2학기(전 4권)

- 쉽고 빠르게 배우는 맞춤법 학습
- 매일 낱말과 문장 바르게 쓰기 연습
- 학년, 학기별 국어 교과서 어휘 학습

비주얼씽킹 과학 1~3권(전 3권)

- 교과서 핵심 개념을 비주얼씽킹으로 완성
- 참쌤의 과학 개념 비주얼씽킹 동영상 강의
- 사고력을 키우는 과학 탐구 퀴즈 / 토론

수학 연산 1~6학년 1, 2학기(전 12권)

- 정확한 연산 쓰기 학습
- 학년, 학기별 중요 단원 연산 강화 학습
- 문제해결력 향상을 위한 연산 적용 학습

★연산 특화 교재

- 구구단(1~2학년), 시계·달력(1~2학년), 분수(4~5학년)

급수 한자 8급, 7급, 6급(전 3권)

- 하루 2쪽으로 쉽게 익히는 한자 학습
- 급수별 한 권으로 한자능력검정시험 완벽 대비
- 한자와 연계된 초등 교과서 어휘력 향상

맞춤법+받아쓰기 1·2 진도표 붙임딱지

🐰 학습을 마친 후 '학습 진도표'에 붙임딱지를 붙여 주세요.

1주	1일	2일	3일	4일	5일
2주	1일	2일	3일	4일	5일
3주	1일	2일	3일	4일	5일
4주	1일	2일	3일	4일	5일
5주	1일	2일	3일	4일	5일
6주	1일	2일	3일	4일	5일
7주	1일	2일	3일	4일	5일
8주	1일	2일	3일	4일	5일

초등 1~2학년
공부 단짝

초능력

맞춤법 +
받아쓰기

초등 국어
1·2

맞춤법+받아쓰기 실력은
1~2학년 때 쌓아야 합니다

1

1~2학년 시기가 가장 중요해요

초등학교 초기에 생긴 학습 격차는 학년이 올라갈수록 더 커지는 특성을 보입니다. 저학년 시기에 학습을 따라가지 못하면 학습에 대한 자신감을 쉽게 잃게 되기 때문입니다. 따라서 저학년 때에는 학습을 잘 따라갈 수 있도록 기초 학습 능력을 키우는 것이 중요합니다.

맞춤법은 국어뿐 아니라 모든 과목 학습의 기초입니다. 낱말과 문장을 맞춤법에 따라 바르게 읽고 쓸 수 있어야 학습 내용을 정확하게 이해할 수 있고, 자신이 이해하고 생각하는 것들을 효과적으로 표현할 수 있습니다.

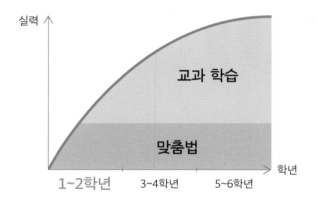

2

교과 어휘와 중요 어휘로 맞춤법을 익혀야 해요

어떤 어휘로 맞춤법을 가르쳐야 할지 고민인 학부모님들이 많습니다. 아이에게는 학년과 학기에 맞춰 꼭 알아 두어야 하는 어휘부터 가르쳐야 합니다. 익혀야 할 기초 교과 어휘를 맞춤법에 따라 정확하게 아는 것이 중요하기 때문입니다. 그리고 일상생활이나 여러 글에서 자주 나오는 어휘를 가르쳐야 합니다. 이러한 어휘들을 바르게 읽고 쓰며 다양한 문장에서 활용할 때 맞춤법 실력과 어휘력이 쑥쑥 자라게 됩니다.

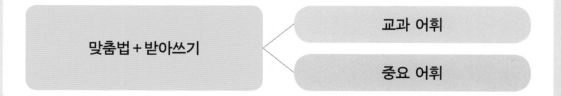

3

**꾸준히
반복 연습
해야 해요**

아이에게 맞춤법에 맞는 낱말을 꾸준히 반복하여 듣고, 읽고, 손으로 직접 쓰며 익히는 기회를 충분히 주는 것이 우직해 보여도 가장 효과적인 방법입니다. 아이들에게는 자주 접하는 낱말이 쉬운 낱말이기 때문입니다.

학교 교육과정은 단순히 읽고 쓰는 것을 넘어 '유창하게 읽고 쓰기' 수준까지 요구하고 있습니다. 따라서 낱말의 뜻을 생각하며 정확하게 듣고, 읽고, 쓰는 연습도 놓치지 말아야 합니다.

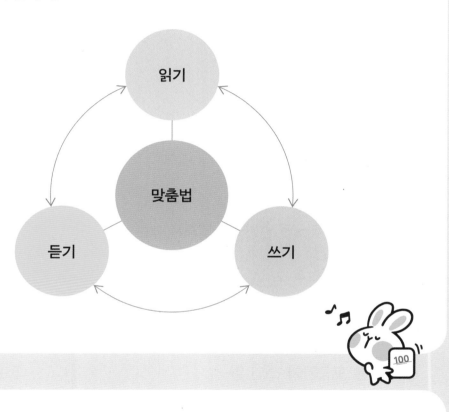

4

**초능력 맞춤법
+받아쓰기로
맞춤법 실력을
완성해요**

이 책은 학년과 학기에 맞춰 효과적으로 맞춤법을 학습할 수 있게 구성되었습니다. 하루에 한 개씩 맞춤법 원리를 배우고, 배운 원리를 생각하며 낱말을 따라 씁니다. 이때 QR코드를 통해 듣기 자료를 들려 주면 눈과 손과 귀를 통해 여러 감각이 자극되어 학습 효과가 훨씬 커집니다. 그리고 다양한 상황에서의 낱말의 쓰임을 확인하고 정확하게 받아 쓰며 실력을 탄탄하게 쌓을 수 있습니다.

맞춤법 원리 → 따라 쓰기 → 확인하기 → 받아쓰기

맞춤법 실력 완성

초능력 맞춤법 + 받아쓰기
학습 순서

시작 **1·1** ────────────── **1·2**

✓ 기본 자·모음자부터 받침 소리까지 바르게 읽고 쓰는 법을 배웁니다.

✓ 1학년 1학기 교과 어휘와 중요 어휘에서 틀리기 쉬운 말들을 알맞게 구별해서 쓰는 법을 배웁니다.

소리와 같거나 다르게 쓰는 말

· 기본 모음자가 쓰인 말
· 쌍자음자와 받침이 쓰인 말
· 여러 가지 모음자가 쓰인 말
· 받침이 뒤로 넘어가서 소리 나는 말

틀리기 쉬운 말

· 작다 / 적다 ~ 가르치다 / 가리키다
· 바라다 / 바래다 ~ 낳다 / 낫다
· 거름 / 걸음 ~ 엎다 / 업다
· 우리 / 저희 ~ ~이었다 / ~였다

✓ 대표 소리나 된소리로 소리 나는 말을 바르게 읽고 쓰는 법을 배웁니다.

✓ 1학년 2학기 교과 어휘와 중요 어휘에서 틀리기 쉬운 말들을 알맞게 구별해서 쓰는 법을 배웁니다.

소리와 같거나 다르게 쓰는 말

· 대표 소리 [ㄱ], [ㄷ], [ㅂ]
· ㄱ, ㄲ, ㅋ, ㄷ, ㅌ, ㅂ, ㅍ, ㄴ, ㄹ, ㅁ, ㅇ, ㅅ, ㅆ, ㅈ, ㅊ 받침 뒤에서 된소리가 나는 말

틀리기 쉬운 말

· 아기 / 창피 ~ 가까이 / 솔직히
· 찌개 / 베개 ~ -되 / 돼
· 새다 / 세다 ~ 짓 / 짖다
· 덥다 / 덮다 ~ 바치다 / 받치다
· 날다 / 나르다 ~ 부수다 / 부시다

2·1

✓ 닮은 소리가 나거나 겹받침이 쓰인 말을 바르게 읽고 쓰는 법을 배웁니다.

✓ 2학년 1학기 교과 어휘와 중요 어휘에서 틀리기 쉬운 말들을 알맞게 구별하여 쓰는 법을 배웁니다.

소리와 다르게 쓰는 말

· [ㄴ], [ㄹ], [ㅁ], [ㅇ]으로 소리 나는 말

· 겹받침 ㄳ, ㄵ, ㅄ, ㄻ, ㄺ, ㄺ, ㄻ, ㄿ, ㄶ, ㅀ이 쓰인 말

틀리기 쉬운 말

· 좀 / 거꾸로 ~ 금세 / 요새

· 깁다 / 깊다 ~ 찢다 / 찧다

· 껍질 / 껍데기 ~ 어떻게 / 어떡해

· -던지 / -든지 ~ 윗- / 웃-

· 굳다 / 궂다 ~ 젓다 / 젖다

2·2 완성

✓ 구개음, 거센소리로 나거나 소리가 덧나는 말, 사이시옷이 붙는 말을 바르게 읽고 쓰는 법을 배웁니다.

✓ 2학년 2학기 교과 어휘와 중요 어휘에서 틀리기 쉬운 말들을 알맞게 구별해서 쓰는 법을 배웁니다.

소리와 다르게 쓰는 말

· [ㅈ], [ㅊ]으로 소리 나는 말

· 거센소리가 나는 말

· [ㄴ], [ㄹ] 소리가 덧나는 말

· 사이시옷이 붙는 말

틀리기 쉬운 말

· 설레다 / 헤매다 ~ 맞추다 / 맞히다

· 담그다 / 잠그다 ~ 너머 / 넘어

· 벌리다 / 벌이다 ~ 저리다 / 절이다

· 좇다 / 쫓다 ~ 오랜만 / 오랫동안

· 담다 / 닮다 ~ 해어지다 / 헤어지다

이 책의
구성과 공부 방법

맞춤법 원리 학습 그림과 첨삭, 예문을 활용하여 맞춤법 원리를 제시하였습니다. 낱말에 담긴 맞춤법 원리를 쉽고 빠르게 이해할 수 있습니다.

🖥 학부모 TIP '맞춤법 강의' QR코드로 접속하여 아이와 강의 영상을 함께 보세요. 선생님의 친절한 맞춤법 강의를 통해 맞춤법 원리를 쉽고 재미있게 이해할 수 있어요.

따라 쓰기 맞춤법 원리에 따라 여러 낱말을 읽어 보고, 정확하게 따라 쓰며 맞춤법을 익힐 수 있습니다.

🎧 학부모 TIP '전체 듣기' QR코드로 접속하면 해당 페이지의 활동 낱말과 문장을 모두 들을 수 있어요. 정확하게 발음하는 소리를 들으면서 학습하면 여러 감각이 자극되어 기억에 오래 남아요.

확인하기 앞에서 배운 낱말을 다양한 상황에 적용하고, 바르게 쓰인 낱말을 확인합니다.

받아쓰기 소리를 듣고 맞춤법에 맞게 낱말을 정확하게 받아씁니다. 소리가 비슷하여 헷갈린다면 낱말의 뜻을 생각하여 문장 안에 들어갈 알맞은 낱말로 받아씁니다.

🎧 학부모 TIP 활동 옆 QR코드로 접속하여 받아쓰기 음성만 따로 들려 줄 수 있어요. 또는 정답과 풀이 뒷부분에 있는 '듣기 대본'을 부모님께서 직접 읽어 주셔도 좋아요. 듣기 배속을 조절하며 들을 수 있으므로, 빠르게 쓰는 것보다 정확하게 쓸 수 있도록 충분한 기회를 주세요.

☑ **쉽고 빠르게 맞춤법 원리 학습**

☑ **교과 어휘와 중요 어휘로 어휘력 향상**

5일

확인하기 한 주 동안 배운 내용을 다시 확인하며 학습을 마무리합니다.

받아쓰기 한 주 동안 배운 낱말을 떠올리며, 문장을 듣고 짧은 문장부터 긴 문장까지 받아씁니다.

🎧 **학부모 TIP** 문장 전체를 받아써야 하므로 듣기 음성은 여러 차례 들려 주세요. 그리고 자연스럽게 띄어쓰기를 익힐 수 있도록 '이렇게 띄어 쓰세요' 코너를 안내해 주세요.

➕

어휘력 키우기 그림과 뜻풀이를 통해 낱말을 다시 한번 확인하며 어휘력을 쌓을 수 있습니다.

📖 **학부모 TIP** 한 주의 학습을 마친 후 소리 내어 낱말을 읽고 낱말의 뜻을 확인하세요. 손으로 낱말을 가리고, 그림과 뜻에 맞는 낱말을 맞혀 보게 하는 것도 좋아요.

이 책의
차례

1 기본 모음자가 쓰인 말

기본 모음자는 ㅏ, ㅑ, ㅓ, ㅕ, ㅗ, ㅛ, ㅜ, ㅠ, ㅡ, ㅣ 10개예요. 자음자와 만났을 때 기본 모음자의 모양과 소리가 어떠한지를 살펴보세요.

나비	이야기	거울
나 비	이 야 기	거 울

여자	모자	요리
여 자	모 자	요 리

유리	버스	기린
유 리	버 스	기 린

2 기본 모음자를 두 개 이상 모아 쓰는 모음자가 쓰인 말

기본 모음자를 두 개 이상 모아 쓰는 모음자는 ㅐ, ㅒ, ㅔ, ㅖ, ㅘ, ㅙ, ㅚ, ㅝ, ㅞ, ㅟ, ㅢ 11개예요. 소리가 다른 모음자와 비슷하여 헷갈리기 쉬우니 잘 기억해야 해요.

개미

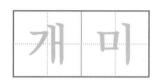

얘기

세수

시계

사과

돼지

공원

가위

의자

3 받침이 뒤로 넘어가서 소리 나는 말

받침 뒤에 모음자가 오면, 받침이 뒤로 넘어가서 소리 나요. 하지만 쓸 때에는 받침을 그대로 살려서 써야 해요.

악어

악	어

어린이

어	린	이

얼음

얼	음

음악

음	악

손잡이

손	잡	이

웃음

웃	음

높이

높	이

묶음

묶	음

탔어요

탔	어	요

4 틀리기 쉬운 말

모양이나 소리가 비슷한 말이라도 뜻이 다르면 구별하여 바르게 써야 해요. 헷갈리지 않으려면 낱말의 뜻을 정확하게 알도록 해요.

작다 길이, 크기 따위가 보통보다 덜하다. 크지 않다.

작 다

적다 수나 양이 많지 않다.

적 다

바라다 어떤 것이 이루어지거나 그렇게 되었으면 하고 생각하다.

바 라 다

바래다 색이 변하여 희미해지거나 누렇게 되다.

바 래 다

맞다 틀리지 않다.

맞 다

맡다 코를 통해 냄새를 알아차리다.

맡 다

초능력 맞춤법 + 받아쓰기
이렇게 학습하세요!

소리 내어 또박또박 읽어 보세요

정확하게 읽기가 어렵다면 QR코드를 통해서 선생님이 불러 주는 '전체 듣기'를 들으며 따라 읽어 보세요. 읽으면서 글자의 모양과 소리가 어떠한지 살펴보아요.

바른 자세로 앉아서 학습하세요

의자에 앉을 때는 엉덩이가 맨 뒤까지 닿도록 하고 허리를 곧게 펴야 해요. 이때 다리를 꼬거나 손으로 턱을 괴지 않도록 해요.

연필을 바르게 잡고 쓰세요

엄지손가락과 검지를 둥글게 하여 연필을 잡고, 가운뎃손가락으로는 연필을 받쳐요. 그리고 손가락이 연필심과 너무 가깝거나 멀지 않게 해야 해요.

하루 2쪽씩 꾸준히 연습하세요

한 번에 너무 많이 학습하거나 시간에 쫓겨 공부하면 학습한 내용이 기억에 오래 남지 않아요. 매일 공부하는 습관을 기르며 차근차근 실력을 쌓아 가세요.

1주

시작 →

1일
대표 소리
[ㄱ]

2일
대표 소리
[ㄷ] 1

5일
실력 쑥쑥 마무리

4일
대표 소리
[ㅂ]

3일
대표 소리
[ㄷ] 2

전체 듣기

🔊소리 **창밖** > [창박]

✏️쓰기 창 밖

ㄱ, ㄲ, ㅋ 받침은 읽을 때 모두 [ㄱ]으로 소리 나요. 하지만 쓸 때에는 원래 받침을 그대로 살려서 써야 해요.

맞춤법 강의

따라쓰기
✏️ 낱말을 소리 내어 읽고, 바르게 따라 쓰세요.

🔊소리　　　✏️쓰기

 **가족** > [가족]　　 가 족

 **안팎** > [안팍]　　 안 팎

 **동녘** > [동녁]　　 동 녘

 **키읔** > [키윽]　　키 읔

확인하기

✓ **문장을 읽고, 바르게 쓴 낱말에 ◯표 하세요.**

1

키윽

키읔

과 티읕을 써요.

2

창박

창밖

모습을 구경해요.

3

안팎

안팍

*담   모두 꽃이 피었어요.

*담 안으로 들어오지 못하도록 돌, 흙, 벽돌 따위로 길게 쌓아 올린 것.

받아쓰기

🎧 **불러 주는 문장을 듣고, 빈칸에 들어갈 낱말을 받아쓰세요.**

4

사진이에요.

5

하늘에 해가 떠요.

전체 듣기

◁€소리　✏️쓰기

옷 ▶ [옫]

옷

맞춤법 강의

ㄷ, ㅅ, ㅈ 받침은 읽을 때 모두 [ㄷ]으로 소리 나요. 하지만 쓸 때에는 원래 받침을 그대로 살려서 써야 해요.

따라쓰기
낱말을 소리 내어 읽고, 바르게 따라 쓰세요.

◁€소리　✏️쓰기

 받침 ▶ [받침]

받 침

 씨앗 ▶ [씨앋]

씨 앗

연못 ▶ [연몯]

연 못

밤낮 ▶ [밤낟]

밤 낮

확인하기

✔ **문장을 읽고, 밑줄 친 낱말이 바르게 쓰인 것에 ◯표 하세요.**

1

씨앗 심기를 해요.

씨앝 심기를 해요.

2

받침 있는 낱말을 써요.

밧침 있는 낱말을 써요.

3

연몯 위에 연꽃이 피었어요.

연못 위에 연꽃이 피었어요.

받아쓰기

🎧 **불러 주는 문장을 듣고, 빈칸에 들어갈 낱말을 받아쓰세요.**

4

노란 ☐☐ 도 넣어요.

5

형은 ☐☐☐ 공부만 해요.

대표 소리 [ㄷ] 2

 눈밭 > 🔊소리 [눈ː밭] ✏️쓰기 | 눈 | 밭 |

맞춤법 강의

ㅊ, ㅌ 받침은 읽을 때 모두 [ㄷ]으로 소리 나요. 하지만 쓸 때에는 원래 받침을 그대로 살려서 써야 해요.

📝따라쓰기
낱말을 소리 내어 읽고, 바르게 따라 쓰세요.

🔊소리 ✏️쓰기

 **안개꽃** > [안ː개꼳] | 안 | 개 | 꽃 |

 **윷** > [윧ː] | 윷 |

 **가마솥** > [가마솓] | 가 | 마 | 솥 |

 **단팥** > [단팓] | 단 | 팥 |

확인하기

✓ 문장을 읽고, 밑줄 친 낱말이 바르면 ◯표, 틀리면 ✕표 하세요.

1

단팥 넣은 빵을 먹어요.

2

안개꼳 한 *다발을 샀어요.

*다발 꽃이나 채소, 돈 등의 묶음을 세는 단위.

3

눈밭 위에 발자국이 있어요.

받아쓰기

불러 주는 문장을 듣고, 빈칸에 들어갈 낱말을 받아쓰세요.

4

☐ 과 *말판을 꺼내요.

*말판 윷놀이에서 말이 가는 길을 그린 판.

5

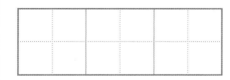 뚜껑이 무거워요.

4일 대표 소리 [ㅂ]

전체 듣기

🔊소리   ✏️쓰기

무릎 ▶ [무릅]   무릎

맞춤법 강의

ㅂ, ㅍ 받침은 읽을 때 모두 [ㅂ]으로 소리 나요. 하지만 쓸 때에는 원래 받침을 그대로 살려서 써야 해요.

✏️**따라쓰기**

낱말을 소리 내어 읽고, 바르게 따라 쓰세요.

🔊소리   ✏️쓰기

 **집** ▶ [집]   집

 **잎** ▶ [입]   잎

 **헝겊** ▶ [헝ː겁]   헝겊

 **앞치마** ▶ [압치마]   앞 치 마

확인하기
✓ 문장을 읽고, 밑줄 친 낱말이 바르면 ◯표, 틀리면 ✕표 하세요.

1 우리 집 강아지는 귀여워요.　　　　　　（　　）

2 아빠께서 <u>압치마</u>를 두르셨어요.　　　（　　）

3 나는 <u>헝겊</u> 인형을 가지고 놀아요.　　　（　　）

받아쓰기
🎧 불러 주는 문장을 듣고, 빈칸에 들어갈 낱말을 받아쓰세요.

4 　　　상처가 아파요.

5 　　　색깔이 노랗게 변했어요.

확인하기
✓ 토끼가 집을 찾아갈 수 있도록 빈칸에 들어갈 알맞은 낱말을 따라가 보세요.

확인하기
✓ 에 들어갈 알맞은 낱말을 찾아 선으로 이으세요.

2

심은 곳에
싹이 났어요.

· 씨앋

· 씨앗

3

를 입고
설거지를 해요.

· 앞치마

· 압치마

받아쓰기 불러 주는 문장을 잘 듣고, 맞춤법에 주의하며 받아쓰세요.

4

5

6

7

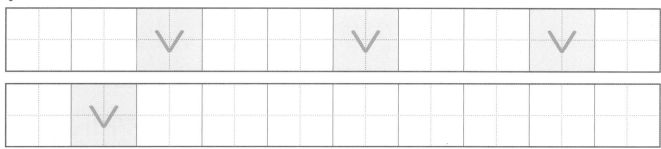

8

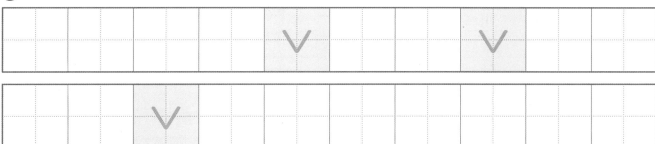

이렇게 띄어 쓰세요

‘~도’는 앞말에 붙여 쓰고, 뒤에 오는 낱말과 띄어 써요.

🐰 이번 주에 배운 낱말을 다시 읽고, 그 뜻을 익혀 보세요.

안팎

뜻 안과 밖.

동녘

뜻 해가 떠오르는 방향. 동쪽.

받침

뜻 모음 글자 아래에 받쳐 적는 자음자.

밤낮

뜻 밤과 낮을 함께 이르는 말.

윷

뜻 작고 둥근 통나무를 네 개로 쪼개어 만든 막대기.

가마솥

뜻 쇠로 만든 아주 큰 솥.

헝겊

뜻 천의 조각.

앞치마

뜻 일을 할 때 옷이 더러워지지 않게 몸 앞에 두르는 치마.

시작

1일

ㄱ 받침 뒤에서 된소리가 나는 말

2일

ㄲ, ㅋ 받침 뒤에서 된소리가 나는 말

5일

실력 쑥쑥 마무리

4일

ㅂ, ㅍ 받침 뒤에서 된소리가 나는 말

3일

ㄷ, ㅌ 받침 뒤에서 된소리가 나는 말

ㄱ 받침 뒤에서 된소리가 나는 말

전체 듣기

학교
🔊소리
[학꾜]
✏️쓰기
학 교

맞춤법 강의
ㄱ 받침 뒤에 오는 ㄱ, ㄷ, ㅂ, ㅅ, ㅈ은 읽을 때 된소리 [ㄲ, ㄸ, ㅃ, ㅆ, ㅉ]으로 소리 나요. 하지만 쓸 때에는 원래대로 써야 해요.

✏️따라쓰기
낱말을 소리 내어 읽고, 바르게 따라 쓰세요.

🔊소리 ✏️쓰기

깍두기
[깍뚜기]
깍 두 기

택배
[택빼]
택 배

박수
[박쑤]
박 수

책장
[책짱]
책 장

확인하기

문장을 읽고, ⬭ 안의 낱말이 바르면 ○표, 틀리면 ✕표 하세요.

1    신나게 박쑤 를 쳐요.   (   )

2    국수와 깍두기 를 먹어요.   (   )

3    택빼 로 받은 상자를 열어요.   (   )

받아쓰기

불러 주는 문장을 듣고, 빈칸에 들어갈 낱말을 받아쓰세요.

4

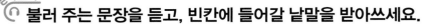에서 책을 꺼내요.

5

에서 친구를 만나요.

ㄲ, ㅋ 받침 뒤에서 된소리가 나는 말

전체 듣기

🔊 소리　　　✏️ 쓰기

낚**시** ▶ [낙씨]

낚 시

맞춤법 강의

ㄲ, ㅋ 받침 뒤에 오는 ㄱ, ㄷ, ㅂ, ㅅ, ㅈ은 읽을 때 된소리 [ㄲ, ㄸ, ㅃ, ㅆ, ㅉ]으로 소리 나요. 하지만 쓸 때에는 원래대로 써야 해요.

✏️ 따라쓰기
🔊 낱말을 소리 내어 읽고, 바르게 따라 쓰세요.

🔊 소리　　　쓰기

볶고 ▶ [복꼬]

볶 고

섞다 ▶ [석따]

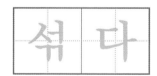
섞 다

꺾지 ▶ [꺽찌]

꺾 지

남녘도 ▶ [남녁또]

남 녘 도

확인하기

문장을 읽고, 밑줄 친 낱말이 바르게 쓰인 것에 ◯표 하세요.

1

꽃을 <u>꺾찌</u> 마.

꽃을 <u>꺾지</u> 마.

2주

2

야채를 <u>볶고</u> 있다.

야채를 <u>복꼬</u> 있다.

3

밀가루와 우유를 <u>석따</u>.

밀가루와 우유를 <u>섞다</u>.

받아쓰기

불러 주는 문장을 듣고, 빈칸에 들어갈 낱말을 받아쓰세요.

4

배에서 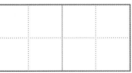 를 해요.

5

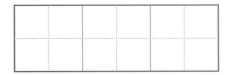 추워졌어요.

ㄷ, ㅌ 받침 뒤에서 된소리가 나는 말

전체 듣기

🔊 소리

✏️ 쓰기

걷기 ▶ [걷ː끼]

걷 기

맞춤법 강의

ㄷ, ㅌ 받침 뒤에 오는 ㄱ, ㄷ, ㅂ, ㅅ, ㅈ은 읽을 때 된소리 [ㄲ, ㄸ, ㅃ, ㅆ, ㅉ]으로 소리 나요. 하지만 쓸 때에는 원래대로 써야 해요.

✏️ 따라쓰기

낱말을 소리 내어 읽고, 바르게 따라 쓰세요.

🔊 소리

✏️ 쓰기

듣다 ▶ [듣따]

듣 다

돋보기 ▶ [돋뽀기]

돋 보 기

밑줄 ▶ [믿쭐]

밑 줄

팥죽 ▶ [팓쭉]

팥 죽

확인하기

✓ 문장을 읽고, 빈칸에 들어갈 바른 자음자를 찾아 색칠하세요.

1

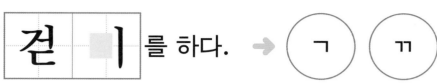 걷 ⬜ㅣ를 하다. → (ㄱ) (ㄲ)

2

 팥 ⬜죽을 먹다. → (ㅈ) (ㅉ)

3

소리를 듣 ⬜ㅏ. → (ㄷ) (ㄸ)

받아쓰기

🎧 불러 주는 문장을 듣고, 빈칸에 들어갈 낱말을 받아쓰세요.

4

⬜⬜을 그으며 책을 읽어요.

5

⬜⬜⬜로 개미를 보아요.

ㅂ, ㅍ 받침 뒤에서 된소리가 나는 말

전체 듣기

🔊소리   ✏️쓰기

숲속 ▸ [숩쏙]

숲	속

맞춤법 강의

ㅂ, ㅍ 받침 뒤에 오는 ㄱ, ㄷ, ㅂ, ㅅ, ㅈ은 읽을 때 된소리 [ㄲ, ㄸ, ㅃ, ㅆ, ㅉ]으로 소리 나요. 하지만 쓸 때에는 원래대로 써야 해요.

따라쓰기

✏️ 낱말을 소리 내어 읽고, 바르게 따라 쓰세요.

🔊소리   ✏️쓰기

입다 ▸ [입따]

입	다

접시 ▸ [접씨]

접	시

옆구리 ▸ [엽꾸리]

옆	구	리

덮밥 ▸ [덥빱]

덮	밥

확인하기

✓ **문장을 읽고, 낱말을 바르게 쓴 문장에 ✓표 하세요.**

1

☐ 바지를 입다.

☐ 바지를 입따.

2

☐ 점심으로 덮밥을 먹다.

☐ 점심으로 덥빱을 먹다.

3

☐ 축구하다가 엽꾸리를 다쳤다.

☐ 축구하다가 옆구리를 다쳤다.

받아쓰기

🎧 **불러 주는 문장을 듣고, 빈칸에 들어갈 낱말을 받아쓰세요.**

4

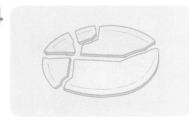

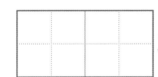 가 깨졌어요.

5

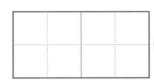 에서 사슴이 뛰어놀아요.

확인하기

✓ 밑줄 친 낱말이 바르게 쓰인 열쇠에 ◯표 하여 문을 열 수 있도록 도와주세요.

1

학꾜에
가요.

낙씨를
해요.

팥죽을
좋아해요.

깍뚜기는
매워요.

확인하기

✓ 　　에 들어갈 알맞은 낱말을 찾아 선으로 이으세요.

2

　　　를
깨끗하게 닦다.

· 접씨

· 접시

3

아기가 크게 우는
소리를 　　.

· 듣다

· 듣따

받아쓰기

🎧 불러 주는 문장을 잘 듣고, 맞춤법에 주의하며 받아쓰세요.

4

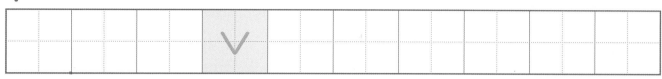

5

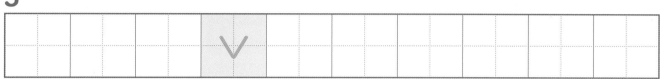

6

7

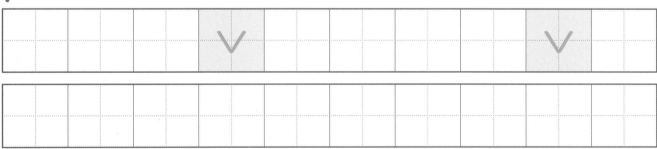

8

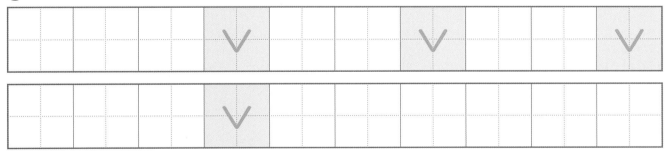

 이렇게 띄어 쓰세요

'~을/를'은 앞말에 붙여 쓰고, 뒤에 오는 낱말과 띄어 써요.

🐰 이번 주에 배운 낱말을 다시 읽고, 그 뜻을 익혀 보세요.

택배

뜻 우편물, 짐, 상품을 원하는 곳에 직접 배달해 주는 일.

책장

뜻 책을 넣어 두는 가구.

꺾다

뜻 무엇을 구부리거나 접다.

남녘

뜻 남쪽.

돋보기

뜻 작은 것을 크게 보이도록 하는 렌즈.

팥죽

뜻 팥을 삶고 으깨어 거른 물에 쌀을 넣고 끓여 만든 죽.

옆구리

뜻 가슴과 등이 만나는 양쪽의 옆 부분.

덮밥

뜻 반찬이 될 만한 요리를 밥 위에 얹어 먹는 음식.

3주

→

시작

1일

ㄴ, ㄹ 받침 뒤에서
된소리가 나는 말

2일

ㅁ, ㅇ 받침 뒤에서
된소리가 나는 말

5일

실력 쑥쑥 마무리

4일

ㅈ, ㅊ 받침 뒤에서
된소리가 나는 말

3일

ㅅ, ㅆ 받침 뒤에서
된소리가
나는 말

ㄴ, ㄹ 받침 뒤에서 된소리가 나는 말

전체 듣기

눈사람

🔊소리
[눈ː싸람]

✏️쓰기
눈 사 람

맞춤법 강의

ㄴ, ㄹ 받침 뒤에 오는 ㄱ, ㄷ, ㅂ, ㅅ, ㅈ이 된소리 [ㄲ, ㄸ, ㅃ, ㅆ, ㅉ]으로 소리 날 때가 있어요. 하지만 쓸 때에는 원래대로 써야 해요.

따라쓰기

🖊️ 낱말을 소리 내어 읽고, 바르게 따라 쓰세요.

🔊소리　　　　✏️쓰기

장난감　[장난깜]　장 난 감

손등　[손뜽]　손 등

물감　[물깜]　물 감

글자　[글짜]　글 자

확인하기

문장을 읽고, 낱말을 바르게 쓴 문장에 ✔표 하세요.

1
☐ 모기가 손뜽을 물어요.
☐ 모기가 손등을 물어요.

2
☐ 손에 물감이 묻었어요.
☐ 손에 물깜이 묻었어요.

3
☐ 장난깜을 가지고 놀아요.
☐ 장난감을 가지고 놀아요.

받아쓰기

불러 주는 문장을 듣고, 빈칸에 들어갈 낱말을 받아쓰세요.

4 　　　　　를 써요.

5 　　　　　을 만들어요.

ㅁ, ㅇ 받침 뒤에서 된소리가 나는 말

전체 듣기

🔊 소리   ✏️ 쓰기

보름달 ▶ [보름딸]

보	름	달

맞춤법 강의

ㅁ, ㅇ 받침 뒤에 오는 ㄱ, ㄷ, ㅂ, ㅅ, ㅈ이 된소리 [ㄲ, ㄸ, ㅃ, ㅆ, ㅉ]으로 소리 날 때가 있어요. 하지만 쓸 때에는 원래대로 써야 해요.

🖊️ **따라쓰기**
낱말을 소리 내어 읽고, 바르게 따라 쓰세요.

🔊 소리   ✏️ 쓰기

밤길 ▶ [밤낄]

밤	길

강가 ▶ [강까]

강	가

등불 ▶ [등뿔]

등	불

상장 ▶ [상짱]

상	장

확인하기

✓ 문장을 읽고, ⬜ 안의 낱말이 바르면 ◯표, 틀리면 ✕표 하세요.

3주

1 　　　**강까** 에서 놀아요.　　　(　)

2 　　　**상짱** 을 받아서 기뻐요.　　　(　)

3 아빠와 　**밤길** 을 걸어가요.　　　(　)

받아쓰기

🎧 불러 주는 문장을 듣고, 빈칸에 들어갈 낱말을 받아쓰세요.

4

을 켜요.

5

이 떴어요.

ㅅ, ㅆ 받침 뒤에서 된소리가 나는 말

전체 듣기

잤^따다 ▸ [잗따]

📢소리 | ✏️쓰기

잤 | 다

맞춤법 강의

ㅅ, ㅆ 받침 뒤에 오는 ㄱ, ㄷ, ㅂ, ㅅ, ㅈ이 된소리 [ㄲ, ㄸ, ㅃ, ㅆ, ㅉ]으로 소리 날 때가 있어요. 하지만 쓸 때에는 원래대로 써야 해요.

🖊️따라쓰기
낱말을 소리 내어 읽고, 바르게 따라 쓰세요.

📢소리   ✏️쓰기

 붓다 ▸ [붇ː따]

 붓 다

 웃다 ▸ [욷ː따]

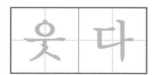 웃 다

 옷장 ▸ [옫짱]

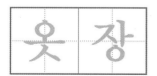 옷 장

 썼다 ▸ [썯따]

썼 다

인하기

✓ 문장을 읽고, 바르게 쓴 낱말에 ○표 하세요.

1

온짱

옷장   문을 열다.

2

어제는 일찍   잗따.

잤다.

3

그릇에 밀가루를   붓다.

붇따.

3주

받아쓰기

🎧 불러 주는 문장을 듣고, 빈칸에 들어갈 낱말을 받아쓰세요.

4

공책에 이름을    .

5

기분이 좋아서    .

ㅈ, ㅊ 받침 뒤에서 된소리가 나는 말

전체 듣기

 **낮잠**
짜

🔊소리
[낟짬]

✏️쓰기
| 낮 | 잠 |

맞춤법 강의

ㅈ, ㅊ 받침 뒤에 오는 ㄱ, ㄷ, ㅂ, ㅅ, ㅈ이 된소리 [ㄲ, ㄸ, ㅃ, ㅆ, ㅉ]으로 소리 날 때가 있어요. 하지만 쓸 때에는 원래대로 써야 해요.

따라쓰기
낱말을 소리 내어 읽고, 바르게 따라 쓰세요.

🔊소리　　　　　✏️쓰기

 **늦가을**
[늗까을]
| 늦 | 가 | 을 |

 **젖소**
[젇쏘]
| 젖 | 소 |

 **돛단배**
[돋딴배]
| 돛 | 단 | 배 |

 **꽃밭**
[꼳빧]
| 꽃 | 밭 |

확인하기
문장을 읽고, 밑줄 친 낱말이 바르면 ◯표, 틀리면 ✕표 하세요.

1  강아지가 낮짬을 자요.

3_주

2  들판에 젖소가 있어요.

3  물 위에 돋딴배를 띄워요.

 받아쓰기
불러 주는 문장을 듣고, 빈칸에 들어갈 낱말을 받아쓰세요.

4

은 쌀쌀해요.

5  친구와  을 걸어요.

확인하기

✓ 동물들이 낚시를 할 수 있도록 밑줄 친 낱말이 바르게 쓰인 카드에 모두 ○표 하세요.

1

옷장에
넣어요.

장난깜을
샀어요.

돌단배를
타요.

밤낄은
어두워요.

상장을
받았어요.

확인하기

✓ 　　　　에 들어갈 알맞은 낱말을 찾아 선으로 이으세요.

2

풀밭에 누워서
　　　　을 자요.

· 낮짬

· 낮잠

3

날씨가 따뜻해서
　　　　이 녹아요.

· 눈사람

· 눈싸람

받아쓰기
🎧 불러 주는 문장을 잘 듣고, 맞춤법에 주의하며 받아쓰세요.

4

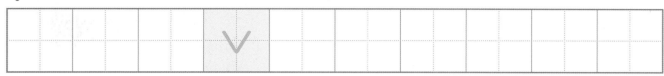

5

6

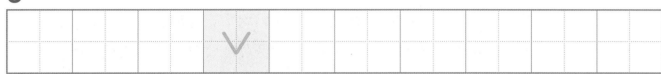

7

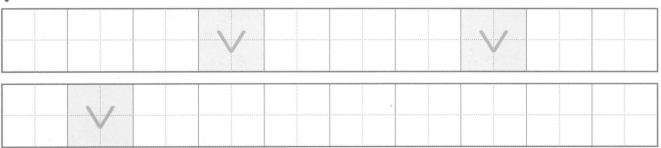

8

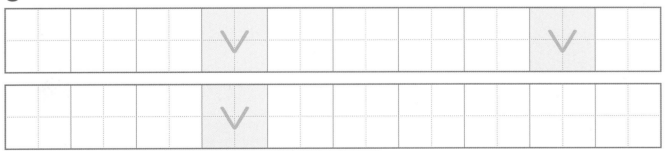

 이렇게 띄어 쓰세요

장소를 나타내는 말 뒤에 오는 '~에'는 앞말과 붙여 써요.

🐰 이번 주에 배운 낱말을 다시 읽고, 그 뜻을 익혀 보세요.

손등

뜻 손의 바깥쪽. 손바닥의 뒤.

물감

뜻 그림을 그리거나, 천이나 옷에 물 들일 때 쓰는 물건.

강가

뜻 강의 옆쪽에 닿아 있는 땅.

등불

뜻 어두운 곳을 밝히려고 등에 켠 불.

붓다

뜻 액체나 가루 따위를 다른 곳에 담다.

썼다

뜻 붓이나 연필 등으로 글자를 적었다.

늦가을

뜻 가을이 끝나 갈 때쯤.

돛단배

뜻 넓은 천을 달아 바람의 힘을 이용하여 움직이는 배.

4주 51

시작

1일
아기 / 창피

2일
며칠 / 알맞은

5일
실력 쑥쑥 마무리

4일
가까이 / 솔직히

3일
-ㄹ게 / -ㄹ걸

아기 / 창피

아기

뜻 '젖먹이 아이'와 같은 어린아이를 귀엽게 이르는 말.

예 아기가 엉엉 울어요.

창피

뜻 몹시 부끄러움.

예 창피해하지 않아도 돼.

'아기'는 '애기', '창피'는 '챙피'처럼 모음자를 잘못 쓰기 쉬워요. 모음자를 잘못 쓰면 틀린 낱말이 되므로 알맞은 모음자를 쓰도록 주의해야 해요.

따라쓰기

✏️ **문장을 소리 내어 읽고, 낱말을 바르게 따라 쓰세요.**

 아빠가  아 기 를 안아요.

 이모가  아 기 를 낳았어요.

  창 피 해서 얼굴이 빨개졌어요.

확인하기
✓ 문장을 읽고, 밑줄 친 낱말이 바르면 ○표, 틀리면 ✕표 하세요.

4주 1일

1  <u>애기</u>와 함께 놀아요.　　　(　)

2  너 때문에 너무 <u>창피해</u>.　　(　)

3  친구들 앞에서 넘어져서 <u>챙피해</u>요. (　)

받아쓰기
🎧 불러 주는 문장을 듣고, 빈칸에 들어갈 낱말을 받아쓰세요.

4  [   ][   ]가 장난감을 흔들어요.

5  동생은 [   ][   ]해하며 숨었어요.

2일 여칠 / 알맞은

전체 듣기

며칠

뜻 몇 날.

예 며칠 동안 늦잠을 잤어요.

알맞은

뜻 어떤 조건이나 기준에 잘 맞아 넘치거나 모자라지 않은.

예 알맞은 제목을 붙여요.

'며칠'은 '몇일', '알맞은'은 '알맞는'으로 잘못 쓰는 경우가 많아요. 잘못된 표현을 사용하지 않도록 낱말의 뜻과 모양을 익혀 바르게 쓰도록 해요.

맞춤법 강의

따라쓰기

문장을 소리 내어 읽고, 낱말을 바르게 따라 쓰세요.

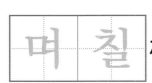 째 눈이 내리고 있어요.

날씨에  옷을 입어요.

토끼에게 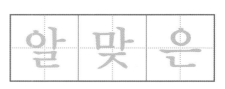 먹이를 줘요.

확인하기

문장을 읽고, 알맞은 낱말을 사용한 문장에 ✓표 하세요.

1
　☐ 동생이 며칠 동안 아팠어요.
　☐ 동생이 몇일 동안 아팠어요.

2
　☐ 고양이가 며칠째 안 보여요.
　☐ 고양이가 몇일째 안 보여요.

3
　☐ 문제에 알맞는 답을 고르세요.
　☐ 문제에 알맞은 답을 고르세요.

받아쓰기

불러 주는 문장을 듣고, 빈칸에 들어갈 낱말을 받아쓰세요.

4
　　　　　　　동안 이곳에서 지내요.

5
　놀기에　　　　　　　곳이에요.

-ㄹ게 / -ㄹ걸

전체 듣기

-ㄹ게

뜻 어떤 일을 하겠다는 약속이나 하고자 하는 마음을 나타내는 말.

예 생일 선물을 줄게.

-ㄹ걸

뜻 하지 않은 일에 대한 후회나 아쉬움을 나타내는 말.

예 얇은 옷을 입을걸.

'-ㄹ게'를 '-ㄹ께'로 잘못 쓰거나 '-ㄹ걸'을 '-ㄹ껄'로 잘못 쓰기 쉬워요. 두 말이 붙는 낱말은 소리 나는 대로 쓰지 않도록 주의해야 해요.

맞춤법 강의

따라쓰기

문장을 소리 내어 읽고, 낱말을 바르게 따라 쓰세요.

맛있게 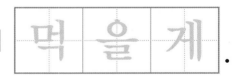 먹을게 .

청소를 미리  할걸 .

준비물을 잘  챙길걸 .

확인하기
문장을 읽고, 밑줄 친 낱말이 바르게 쓰인 것에 ◯표 하세요.

1

도착하면 전화<u>할게</u>.

도착하면 전화<u>할께</u>.

4주

2

조금 더 일찍 <u>나올걸</u>.

조금 더 일찍 <u>나올껄</u>.

3

친구에게 먼저 <u>사과할걸</u>.

친구에게 먼저 <u>사과할껄</u>.

받아쓰기
불러 주는 문장을 듣고, 빈칸에 들어갈 낱말을 받아쓰세요.

4

가방을 들어 | | | | . |

5

공부를 열심히 | | | . |

가까이 / 솔직히

전체 듣기

 **가까이**

뜻 거리가 멀지 않은 곳에.

예 가까이 와서 만져 봐.

 **솔직히**

뜻 마음이나 행동 등이 거짓이나 꾸밈이 없이 바르게.

예 비밀을 솔직히 말해요.

'-이'로 끝나는 말에는 '가까이', '깨끗이' 등이 있고, '-히'로 끝나는 말에는 '솔직히', '열심히' 등이 있어요. '-이'나 '-히'로 끝나는 말은 헷갈리기 쉬우니 잘 익혀 두어야 해요.

맞춤법 강의

 따라쓰기

문장을 소리 내어 읽고, 낱말을 바르게 따라 쓰세요.

| 가 | 까 | 이 | 사는 친구예요.

사자 *우리에 | 가 | 까 | 이 | 가지 마세요.

*우리 짐승을 가두어 기르는 곳.

꽃병을 깼다고 | 솔 | 직 | 히 | 말했어요.

월   일   정답과 풀이 **10**쪽

 **확인하기**

✓ 문장을 읽고, 밑줄 친 말이 바르게 쓰인 것에 ◯표 하세요.

1

책을 | 가까이 | 두고 읽어요.
| 가까히 |

2

집 | 가까이 | 도서관이 있어요.
| 가까히 |

3

묻는 말에 | 솔직이 | 대답해.
| 솔직히 |

4

| 솔직이 | 말하면 용서해 줄게.
| 솔직히 |

받아쓰기

🎧 불러 주는 문장을 듣고, 빈칸에 들어갈 낱말을 받아쓰세요.

5

친구와  서요.

6

이 게임은 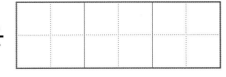 지루해요.

4주 4일   **59**

확인하기
보물이 있는 곳을 찾을 수 있도록 밑줄 친 말이 바르게 쓰인 문장을 찾아 ○표 하세요.

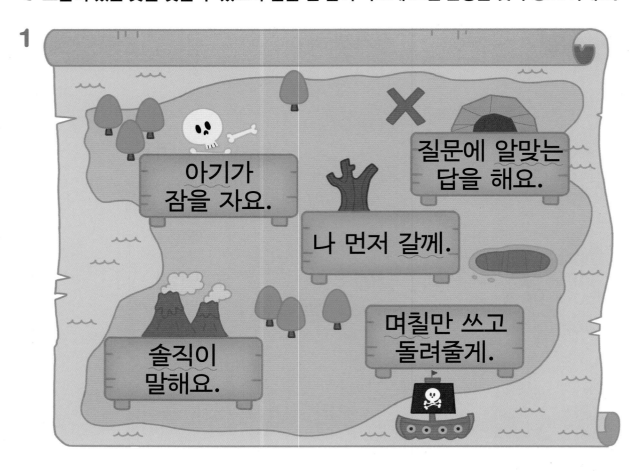

1

아기가
잠을 자요.

질문에 알맞는
답을 해요.

나 먼저 갈께.

솔직이
말해요.

며칠만 쓰고
돌려줄게.

확인하기
에 들어갈 바른 낱말을 찾아 선으로 이으세요.

2

집에서 나올 때
우산을　　　　.

· 챙길걸

· 챙길껄

3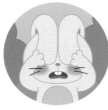

숲에서 길을 잃었다니
정말　　　해.

· 창피

· 챙피

받아쓰기 불러 주는 문장을 잘 듣고, 맞춤법에 주의하며 받아쓰세요.

4

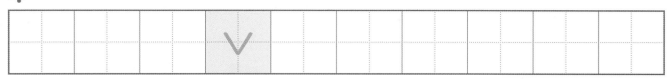

5

6

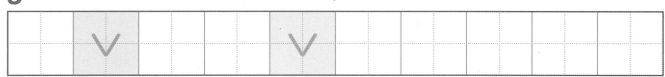

7

8

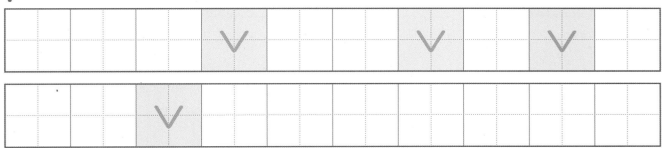

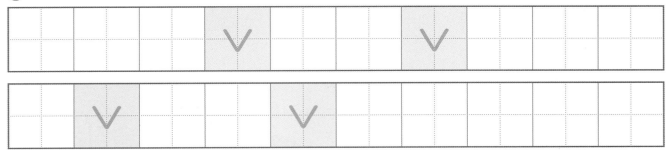

이렇게 띄어 쓰세요

'정말'이 다른 말을 꾸며 주는 역할을 할 때에는 앞말과 뒤에 오는 말 모두와 띄어 써요.

🐰 이번 주에 배운 낱말을 다시 읽고, 그 뜻을 익혀 보세요.

아기
뜻 '젖먹이 아이'와 같은 어린아이를 귀엽게 이르는 말.

창피
뜻 몹시 부끄러움.

며칠
뜻 몇 날.

알맞다
뜻 어떤 조건이나 기준에 잘 맞아 넘치거나 모자라지 않다.

-ㄹ게
뜻 어떤 일을 하겠다는 약속이나 하고자 하는 마음을 나타내는 말.

-ㄹ걸
뜻 하지 않은 일에 대한 후회나 아쉬움을 나타내는 말.

가까이
뜻 거리가 멀지 않은 곳에.

솔직히
뜻 마음이나 행동 등이 거짓이나 꾸밈이 없이 바르게.

	1일 찌개 / 베개	**2일** 묻다 / 숟가락
시작		

5일 실력 쑥쑥 마무리	**4일** 되- / 돼	**3일** 안 / 않-

찌개 / 베개

 **찌개**

뜻 국물을 적게 하여 고기, 채소, 두부와 양념을 넣고 끓인 반찬.

예 찌개를 끓여요.

 **베개**

뜻 잠을 자거나 누울 때에 머리를 받치는 물건.

예 베개를 베고 누워요.

맞춤법 강의 '찌개'는 '찌게', '베개'는 '배개'로 모음자를 잘못 쓰기 쉬워요. 모음자를 잘못 쓰면 틀린 낱말이 되므로 여러 번 써 보면서 바른 낱말을 익혀 두어야 해요.

 따라쓰기

문장을 소리 내어 읽고, 낱말을 바르게 따라 쓰세요.

 숟가락으로  찌 개 를 떠먹어요.

 아빠께서 된장 찌 개 를 끓이셨어요.

 베 개 에 침을 흘렸어요.

확인하기

문장을 읽고, 빈칸에 들어갈 바른 낱말을 찾아 선으로 이으세요.

1

☐ 가
푹신해요.

· 배개

· 베개

2

이불과 ☐ 를
정리해요.

· 베게

· 베개

3

김치 ☐ 를
가장 좋아해요.

· 찌개

· 찌게

5주

받아쓰기

불러 주는 문장을 듣고, 빈칸에 들어갈 낱말을 받아쓰세요.

4

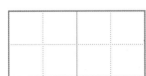 에 호박을 넣어요.

5

침대 위에 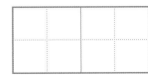 가 있어요.

전체 듣기

묻다

뜻 대답이나 설명을 해 달라는 뜻으로 말하다.

예 길을 묻다.

숟가락

뜻 밥이나 국물 따위를 떠먹는 기구.

예 숟가락으로 밥을 떠요.

'묻다'는 '뭍다'로, '숟가락'은 '숫가락'으로 낱말의 받침을 잘못 쓰기 쉬워요. 받침을 잘못 쓰면 틀린 낱말이 되므로 여러 번 써 보면서 바른 낱말을 익혀 두어야 해요.

맞춤법 강의

 따라쓰기

문장을 소리 내어 읽고, 낱말을 바르게 따라 쓰세요.

 정답을 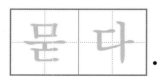 묻 다 .

 친구가 잘 지내는지 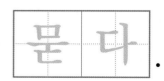 묻 다 .

 숟 가 락 을 바닥에 떨어뜨렸어요.

확인하기
✓ **문장을 읽고, 알맞은 낱말을 사용한 문장에 ✓표 하세요.**

1

☐ 물건의 가격을 묻다.
☐ 물건의 가격을 묻다.

2

☐ 식물의 이름을 묻다.
☐ 식물의 이름을 묻다.

3

☐ 숟가락이 구부러졌어요.
☐ 숟가락이 구부러졌어요.

받아쓰기

🎧 **불러 주는 문장을 듣고, 빈칸에 들어갈 낱말을 받아쓰세요.**

4

*안부를 ☐☐☐ .

*안부 어떤 사람이 편안하게 잘 지내고 있는지 아닌지에 대한 소식.

5
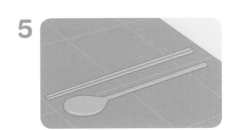
☐☐☐ 과 젓가락을 놓다.

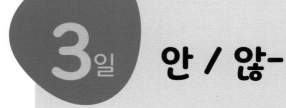 **안 / 않-**

전체 듣기

 **안**

뜻 부정이나 반대의 뜻을 나타내는 '아니'를 줄인 말.

예 채소를 안 먹어요.

 **않-**

뜻 '어떤 행동을 안 하다.'라는 뜻의 '아니하-'를 줄인 말.

예 불량 식품을 먹지 않아요.

'안'과 '않-'은 모양과 소리가 비슷해서 잘못 쓰기 쉬워요. 문장에 '아니하-'를 넣어서 자연스러우면 '않-'을, 자연스럽지 않으면 '안'을 쓴다는 것을 알고 구별해서 써야 해요.

맞춤법 강의

 따라쓰기
문장을 소리 내어 읽고, 낱말을 바르게 따라 쓰세요.

 간식을 안 먹었어요.

 귤이 아직 안 익었어요.

 이번 시험은 어렵지 않았어요.

확인하기

✓ **문장을 읽고, 밑줄 친 말이 바르면 ○표, 틀리면 ✕표 하세요.**

1

빨간불에 건너면
<u>안</u> 돼요.
☐

빨간불에 건너면
<u>않</u> 돼요.
☐

2

준비물을
가져오지 <u>안았어요</u>.
☐

준비물을
가져오지 <u>않았어요</u>.
☐

받아쓰기

🎧 **불러 주는 문장을 듣고, 빈칸에 들어갈 낱말을 받아쓰세요.**

3

날씨가 ☐ 더워요.

4

친구를 놀리지 ☐ 아요.

전체 듣기

 **되-**

뜻 다른 것으로 바뀌거나 변했을 때 쓰는 말.

예 얼음이 녹으면 물이 되어요.

 **돼**

뜻 '되어'를 줄인 말.

예 물이 끓으면 수증기가 돼요.

맞춤법 강의

'되-'와 '돼'는 모양과 소리가 비슷해서 잘못 쓰기 쉬워요. '돼'는 '되어'를 줄인 말이므로 문장에 '되어'를 넣어서 자연스러운지 살펴보면 알맞은 낱말을 쓰는 데 도움이 돼요.

 따라쓰기
✏️ 문장을 소리 내어 읽고, 낱말을 바르게 따라 쓰세요.

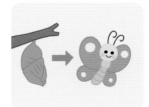 번데기는 나비가 되 었어요.

 병아리가 크면 닭이 되 어요.

 아이가 자라면 어른이 돼 요.

확인하기

✓ **문장을 읽고, 알맞은 낱말에 ◯표 하세요.**

1

송아지가 자라면 소가

되요 .

돼요 .

2

망아지가 자라면 말이

되요 .

돼요 .

3

왕자는 개구리가

되었어요 .

돼었어요 .

4

내가 개구리가

되었다니 ?

돼었다니 ?

 받아쓰기

🎧 **불러 주는 문장을 듣고, 빈칸에 들어갈 낱말을 받아쓰세요.**

5

새싹이 자라 꽃이 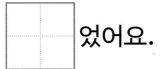 었어요.

6

추우면 얼굴이 빨갛게  요.

확인하기
✓ 상어를 피해 도망갈 수 있도록 밑줄 친 낱말이 바르게 쓰인 물고기를 찾아 ○표 하세요.

1

확인하기
✓ ___ 에 들어갈 바른 낱말을 찾아 선으로 이으세요.

2

길에 쓰레기를
버리지 ___ 아요.

· 안

· 않

3

___ 를 베고
쿨쿨 잠을 자요.

· 배게

· 베개

받아쓰기

불러 주는 문장을 잘 듣고, 맞춤법에 주의하며 받아쓰세요.

4

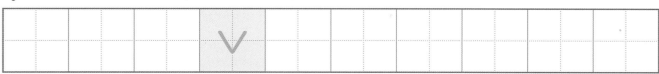

5

5주

6

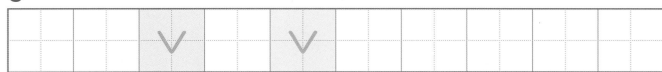

7

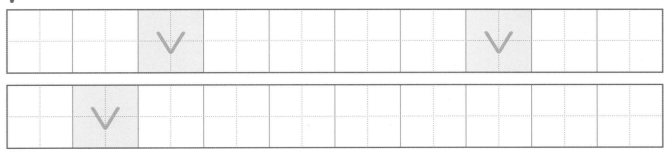

8

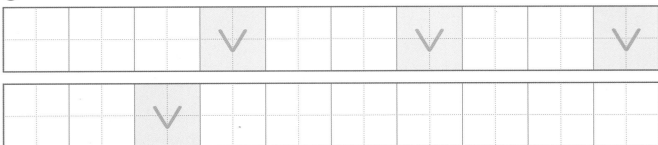

이렇게 띄어 쓰세요

'다'나 '쿨쿨'과 같이 다른 말을 꾸며 주는 말은 앞이나 뒤에 오는 말과 모두 띄어 써요.

🐰 **이번 주에 배운 낱말을 다시 읽고, 그 뜻을 익혀 보세요.**

찌개

뜻 국물을 적게 하여 고기, 채소, 두부와 양념을 넣고 끓인 반찬.

베개

뜻 잠을 자거나 누울 때에 머리를 받치는 물건.

묻다

뜻 대답이나 설명을 해 달라는 뜻으로 말하다.

숟가락

뜻 밥이나 국물 따위를 떠먹는 기구.

안

뜻 부정이나 반대의 뜻을 나타내는 '아니'를 줄인 말.

않-

뜻 '어떤 행동을 안 하다.'라는 뜻의 '아니하-'를 줄인 말.

되-

뜻 다른 것으로 바뀌거나 변했을 때 쓰는 말.

돼

뜻 '되어'를 줄인 말.

	1일	2일
시작	새다 / 세다	매다 / 메다

5일	4일	3일
실력 쑥쑥 마무리	짓다 / 짖다	빗다 / 빚다

새다 / 세다

전체 듣기

새다

뜻 틈이나 구멍으로 조금씩 빠져 나가거나 나오다.

예 천장에서 물이 새다.

세다

뜻 힘이 많다.

예 곰은 힘이 세다.

'새다'는 물이나 빛, 쌀처럼 작은 물건이 나올 때, '세다'는 힘과 관련 있을 때 주로 쓰인다는 것을 기억하면 구별하기 쉬워요.

맞춤법 강의

따라쓰기
문장을 소리 내어 읽고, 낱말을 바르게 따라 쓰세요.

신발에 물이 새 고 있어요.

공이 찢어져서 바람이 새 요 .

공을 발로 세 게 찼어요.

확인하기
☑ **문장을 읽고, 밑줄 친 낱말이 바르면 ○표, 틀리면 ✕표 하세요.**

1  문을 세게 두드렸어요.

2  모래가 손 틈으로 세요.

3  봉지에서 국물이 새고 있어요.

받아쓰기
◎ **불러 주는 문장을 듣고, 빈칸에 들어갈 낱말을 받아쓰세요.**

4  *자루에서 쌀이 ☐☐.

***자루** 물건을 담을 수 있도록 헝겊으로 크고 길게 만든 주머니.

5  윤아는 팔 힘이 ☐☐.

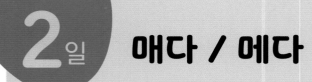

2일 매다 / 에다

전체 듣기

매다

메다

뜻 끈이나 줄의 양쪽 끝을 풀리지 않게 서로 잡아 묶다.

뜻 어깨에 걸치거나 올려놓다.

예 줄을 매다.

예 가방을 메다.

맞춤법 강의

'매다'는 끈, 줄처럼 묶을 수 있는 것과 함께 쓰이고, '메다'는 가방, 짐처럼 어깨에 올릴 수 있는 것과 함께 쓰여요. 낱말이 무엇과 함께 쓰였는지 살펴보고 구별해서 써야 해요.

따라쓰기
문장을 소리 내어 읽고, 낱말을 바르게 따라 쓰세요.

운동화 끈을  매 요 .

끈을 매 어 가방이 열리지 않게 해요.

배낭을 메 고 걸어요.

확인하기

✔ **문장을 읽고, 빈칸에 들어갈 알맞은 낱말에 ○표 하세요.**

1

한복 *옷고름을 　매요　.

　메요　.

***옷고름** 저고리나 두루마기에 달아 앞을 여밀 수 있게 한 헝겊 끈.

2

넥타이를 　매어　 보아요.

　메어　

3

어깨에 짐을 　매고　 가요.

　메고　

받아쓰기

🎧 **불러 주는 문장을 듣고, 빈칸에 들어갈 낱말을 받아쓰세요.**

4

보따리를  .

5

안전띠를  .

3일 빗다 / 빚다

전체 듣기

 **빗다**

뜻 머리카락을 빗 따위로 가지런하게 다듬다.

예 머리카락을 빗다.

 **빚다**

뜻 반죽을 손으로 다듬어서 떡이나 도자기 따위를 만들다.

예 떡을 빚다.

맞춤법 강의

'빗다'와 '빚다'는 [빋따]로 똑같이 소리 나서 헷갈리기 쉬워요. 그러므로 낱말의 뜻을 정확하게 알고 구별해서 써야 해요.

 따라쓰기

문장을 소리 내어 읽고, 낱말을 바르게 따라 쓰세요.

 손으로 머리를 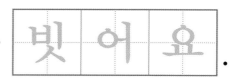 빗 어 요 .

 할머니랑 머리를 빗 고 가자.

 추석에는 송편을 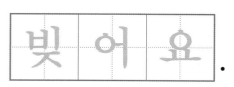 빚 어 요 .

확인하기
✓ **문장을 읽고, 밑줄 친 낱말이 바르게 쓰인 것에 ◯표 하세요.**

1

빗고	빗고

털을 ☐
나가야지.

2

빗어요	빚어요

저희는 만두를 직접
☐ .

6주

받아쓰기
🎧 **불러 주는 문장을 듣고, 빈칸에 들어갈 낱말을 받아쓰세요.**

3

머리를 멋지게 ☐☐ .

4

흙으로 도자기를 ☐☐ .

짓다 / 짖다

전체 듣기

 **짓다**

뜻 밥, 옷, 집 따위를 만들다.

예 건물을 짓다.

 **짖다**

뜻 개, 까마귀, 까치가 시끄럽고 크게 소리를 내다.

예 개가 큰 소리로 짖다.

'짓다'는 새로 무엇을 만들 때, '짖다'는 동물이 소리를 낼 때 써요. '짓다'와 '짖다'는 읽을 때 소리가 비슷하지만 뜻이 서로 다르므로 주의해서 써야 해요.

맞춤법 강의

따라쓰기

🖊 문장을 소리 내어 읽고, 낱말을 바르게 따라 쓰세요.

 옷을  짓 다 .

 콩을 넣어 밥을  짓 고 있어요.

 큰 개가 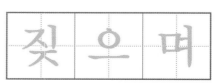 짖 으 며 쫓아와요.

확인하기
✔ **문장을 읽고, 알맞은 낱말에 ◯표 하세요.**

1
밥을   짓다 .
　　　짖다 .

2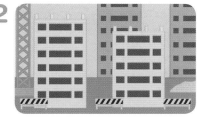
아파트를   짓고   있어요.
　　　　　짖고

3
까마귀가   짓으며   날아가요.
　　　　　짖으며

받아쓰기
 불러 주는 문장을 듣고, 빈칸에 들어갈 낱말을 받아쓰세요.

4
새집을  .

5
까치가  .

6주

확인하기
병아리가 아빠 닭을 찾아갈 수 있도록 밑줄 친 낱말이 바르게 쓰인 길을 따라가 보세요.

1

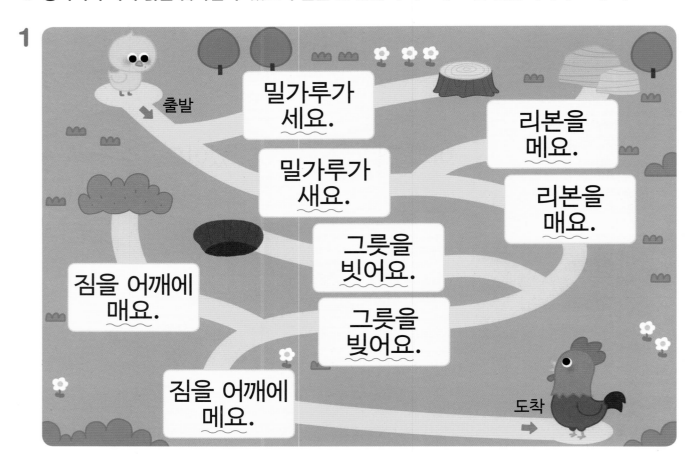

출발

밀가루가
세요.

밀가루가
새요.

리본을
메요.

리본을
매요.

그릇을
빗어요.

그릇을
빚어요.

짐을 어깨에
매요.

짐을 어깨에
메요.

도착

확인하기
에 들어갈 알맞은 낱말을 찾아 선으로 이으세요.

2

내 친구는 힘이
무척 　　　.

· 새다

· 세다

3

머리카락을 빗으로
단정하게 　　　.

· 빛다

· 빗다

받아쓰기
불러 주는 문장을 잘 듣고, 맞춤법에 주의하며 받아쓰세요.

4

5

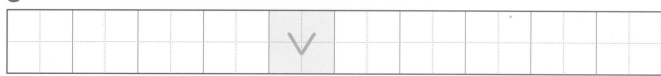

6주

6

7

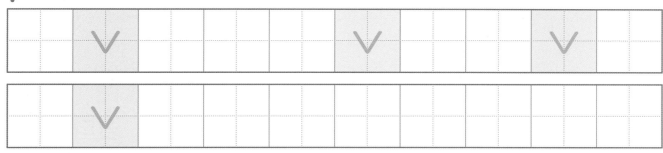

8

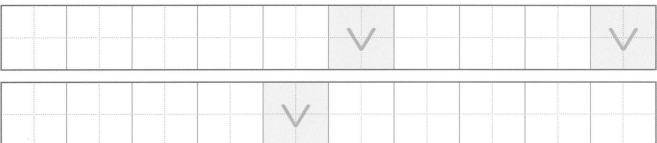

 이렇게 띄어 쓰세요

'무척'과 같이 다른 말을 꾸며 주는 말은 뒤에 오는 말과 띄어 써요.

🐰 이번 주에 배운 낱말을 다시 읽고, 그 뜻을 익혀 보세요.

새다

뜻 틈이나 구멍으로 조금씩 빠져 나가거나 나오다.

세다

뜻 힘이 많다.

매다

뜻 끈이나 줄의 양쪽 끝을 풀리지 않게 서로 잡아 묶다.

메다

뜻 어깨에 걸치거나 올려놓다.

빗다

뜻 머리카락을 빗 따위로 가지런하게 다듬다.

빚다

뜻 반죽을 손으로 다듬어서 떡이나 도자기 따위를 만들다.

짓다

뜻 밥, 옷, 집 따위를 만들다.

짖다

뜻 개, 까마귀, 까치가 시끄럽고 크게 소리를 내다.

7주

시작

1일
덥다 / 덮다

2일
다치다 / 닫히다

5일
실력 쑥쑥 마무리

4일
바치다 / 받치다

3일
부치다 / 붙이다

덥다 / 덮다

전체 듣기

덥다

뜻 공기의 온도가 높다.

예 오늘은 날씨가 덥다.

덮다

뜻 물건 따위가 드러나지 않게 천이나 뚜껑 따위로 막다.

예 도시락 뚜껑을 덮다.

맞춤법 강의

'덥다'와 '덮다'는 [덥ː따], [덥따]와 같이 소리가 비슷하므로 헷갈리기 쉬워요. 그러므로 낱말의 뜻을 정확하게 알고 구별해서 써야 해요.

따라쓰기
✏ 문장을 소리 내어 읽고, 낱말을 바르게 따라 쓰세요.

여름은 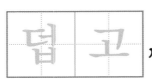 덥 고 , 겨울은 추워요.

이불을 어깨까지 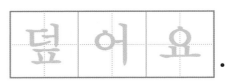 덮 어 요 .

씨를 흙으로  덮 고 꼭꼭 눌러요.

확인하기
✓ **문장을 읽고, 알맞은 낱말을 사용한 문장에 ✓표 하세요.**

1

☐ *반죽을 비닐로 덥어요.

☐ 반죽을 비닐로 덮어요.

***반죽** 가루에 물을 섞어 만들어 놓은 것.

2

☐ 너무 덥고 목이 말라요.

☐ 너무 덮고 목이 말라요.

3

☐ 담요를 덥고 낮잠을 자요.

☐ 담요를 덮고 낮잠을 자요.

받아쓰기
🎧 **불러 주는 문장을 듣고, 빈칸에 들어갈 낱말을 받아쓰세요.**

4

솥에 뚜껑을  .

5

에어컨이 고장 나서  .

다치다 / 닫히다

전체 듣기

 **다치다**

뜻 부딪치거나 맞거나 하여 몸에 상처가 생기다.

예 다리를 다치다.

 **닫히다**

뜻 문이나 뚜껑이 닫아지다.

예 창문이 닫히다.

'다치다'와 '닫히다'는 [다치다]로 똑같이 소리 나서 헷갈리기 쉬워요. 그러므로 낱말의 뜻을 정확하게 알고 구별해서 써야 해요.

맞춤법 강의

 따라쓰기

문장을 소리 내어 읽고, 낱말을 바르게 따라 쓰세요.

  무릎에 약을 발라요.

넘어져서 팔을 .

서랍이 세게 .

확인하기
✓ 문장을 읽고, 밑줄 친 낱말이 바르게 쓰인 것에 ○표 하세요.

1

갑자기 문이 다쳤어요 / 닫혔어요 .

2

동생이 머리를 다쳤어요 / 닫혔어요 .

받아쓰기
∩ 불러 주는 문장을 듣고, 빈칸에 들어갈 낱말을 받아쓰세요.

3

뚜껑이 꽉 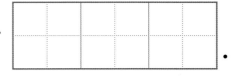 .

4

짐을 들다가 허리를  .

7주 2일 **91**

3일 부치다 / 붙이다

전체 듣기

 부치다

뜻 편지나 물건 따위를 상대에게로 보내다.

예 편지를 부치다.

 붙이다

뜻 맞닿아 떨어지지 않게 하다.

예 풀로 붙이다.

'부치다'와 '붙이다'는 [부치다]로 똑같이 소리 나서 헷갈리기 쉬워요. '보내다'의 뜻이면 '부치다', '떨어지지 않게 하다'의 뜻이면 '붙이다'로 뜻을 구별해서 써야 해요.

맞춤법 강의

따라쓰기

문장을 소리 내어 읽고, 낱말을 바르게 따라 쓰세요.

 짐을 제주도로  부쳐요 .

 가방에 이름표를 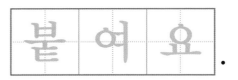 붙여요 .

 편지봉투에 우표를 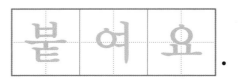 붙여요 .

확인하기
문장을 읽고, 알맞은 낱말에 ○표 하세요.

1 주소를 적은 종이를 상자에 [부쳐요   붙여요] .

2 다른 나라에 사는 친구에게 택배를 [부쳐요   붙여요] .

받아쓰기
불러 주는 문장을 듣고, 빈칸에 들어갈 낱말을 받아쓰세요.

3

냉장고에 *자석을 [   ] .

*__자석__ 철을 끌어당기는 힘을 가진 물건.

4

삼촌께 드릴 선물을 [   ] .

바치다 / 받치다

바치다

뜻 윗사람에게 무엇을 예의 바르고 의젓하게 드리다.

예 선물을 바치다.

받치다

뜻 물건의 밑이나 옆 따위에 다른 물건을 대다.

예 양손으로 턱을 받치다.

'바치다'와 '받치다'는 [바치다], [받치다]와 같이 읽을 때 소리가 비슷해서 헷갈리기 쉬워요. 그러므로 낱말의 뜻을 정확하게 알고 구별해서 써야 해요.

 따라쓰기
📝 문장을 소리 내어 읽고, 낱말을 바르게 따라 쓰세요.

 할머니께 꽃을  바쳐요 .

 *발판을  받치고 올라가요.

***발판** 키를 높이려고 발밑에 대는 것.

 차와 과자를 쟁반으로  받쳐요 .

확인하기

문장을 읽고, 밑줄 친 낱말이 바르면 〇표, 틀리면 ✕표 하세요.

1

등에 베개를 <u>바치고</u> 누워요.

2

이 노래를 어머니께 <u>바쳐요</u>.

3

사람들이 신에게 음식을 <u>받쳐요</u>.

받아쓰기

불러 주는 문장을 듣고, 빈칸에 들어갈 낱말을 받아쓰세요.

4

왕에게 보물을

5

종이 아래에 책을

학인하기
✓ 빈칸에 들어갈 알맞은 낱말에 ◯표 하여 다람쥐가 길을 찾아갈 수 있도록 도와주세요.

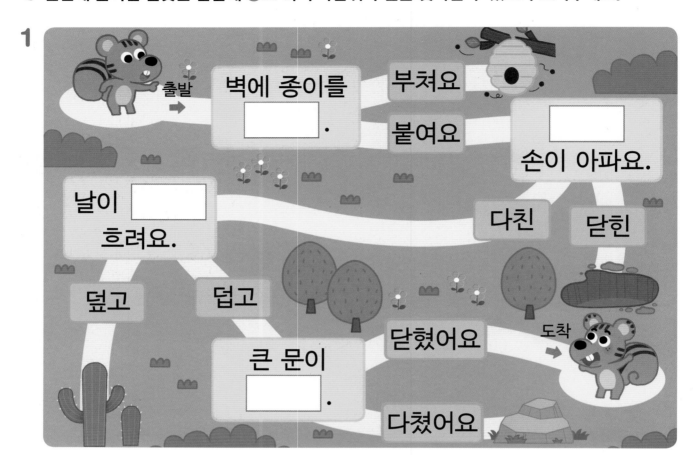

학인하기
✓ 에 들어갈 알맞은 낱말을 찾아 선으로 이으세요.

2  그릇을 손으로 _____.

· 바쳐요

· 받쳐요

3 식탁에 흰색 천을 _____ 있어요.

· 덮고

· 덥고

받아쓰기
불러 주는 문장을 잘 듣고, 맞춤법에 주의하며 받아쓰세요.

4

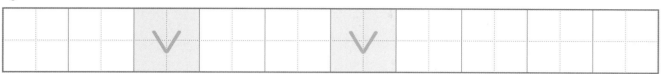

5

6

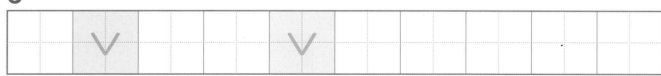

7

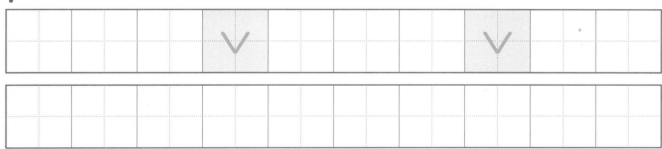

8

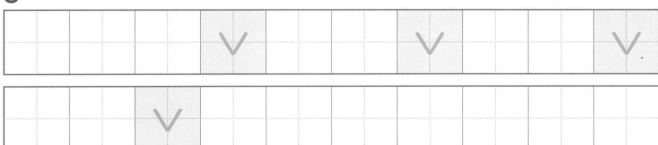

 이렇게 띄어 쓰세요

'흰색'과 '천'처럼 각각 혼자서 쓸 수 있는 낱말과 낱말 사이는 띄어 써요.

🐰 이번 주에 배운 낱말을 다시 읽고, 그 뜻을 익혀 보세요.

덥다

뜻 공기의 온도가 높다.

덮다

뜻 물건 따위가 드러나지 않게 천이나 뚜껑 따위로 막다.

다치다

뜻 부딪치거나 맞거나 하여 몸에 상처가 생기다.

닫히다

뜻 문이나 뚜껑이 닫아지다.

부치다

뜻 편지나 물건 따위를 상대에게로 보내다.

붙이다

뜻 맞닿아 떨어지지 않게 하다.

바치다

뜻 윗사람에게 무엇을 예의 바르고 의젓하게 드리다.

받치다

뜻 물건의 밑이나 옆 따위에 다른 물건을 대다.

시작

1일
날다 / 나르다

2일
두껍다 / 두텁다

5일
실력 쑥쑥 마무리

4일
부수다 / 부시다

3일
비추다 / 비치다

날다 / 나르다

전체 듣기

 **날다**

뜻 공중에 떠서 어떤 방향으로 움직이다.

예 새가 높이 날다.

나르다

뜻 물건을 한 곳에서 다른 곳으로 옮기다.

예 짐을 나르다.

'날다'와 '나르다'는 글자 모양은 비슷하지만 뜻이 서로 다르므로 구별해서 써야 해요. 특히 '날다'는 '하늘을 나는'처럼 쓰이므로 '하늘을 날으는'으로 잘못 쓰지 않도록 주의해요.

따라쓰기

문장을 소리 내어 읽고, 낱말을 바르게 따라 쓰세요.

 벌이 꽃밭 위를  있어요.

 큰 공을 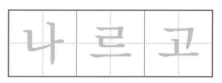 있어요.

 친구와 함께 책을 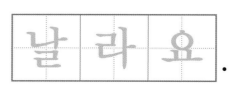.

인하기
✔ 문장을 읽고, ⬭ 안의 낱말이 바르면 ○표, 틀리면 ✕표 하세요.

1

하늘을 　날고　 싶어요. 　　　（ 　 ）

2

화분을 　나르고　 있어요. 　　　（ 　 ）

3

이삿짐을 차에 실어 　날아요　. 　（ 　 ）

아쓰기
🎧 불러 주는 문장을 듣고, 빈칸에 들어갈 낱말을 받아쓰세요.

4

비행기가  .

5

무거운 상자를 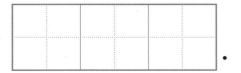 .

2일 두껍다 / 두텁다

전체 듣기

두껍다

뜻 물건의 두꺼운 정도가 보통의 정도보다 크다.

예 기둥이 두껍다.

두텁다

뜻 정이나 믿음, 사랑이 깊고 튼튼하다.

예 사랑이 두텁다.

'두껍다'와 '두텁다'는 글자 모양이 비슷해서 잘못 쓰기 쉬워요. '두껍다'는 '얇다'의 반대말이고, '두텁다'는 정이나 사랑과 관련 있는 낱말이라는 것을 기억해 두세요.

따라쓰기
문장을 소리 내어 읽고, 낱말을 바르게 따라 쓰세요.

 겉옷을 입어요.

겨울 이불은 .

이웃 사이에 정이 .

확인하기
✔ **문장을 읽고, 알맞은 낱말에 ◯표 하세요.**

1 우리는 *우애가 [두꺼워요]   [두터워요] .

    ***우애** 형제 또는 친구 사이의 사랑이나 정.

2 우리는 [두꺼운]   [두터운] 책을 함께 읽어요.

 받아쓰기
🎧 **불러 주는 문장을 듣고, 빈칸에 들어갈 낱말을 받아쓰세요.**

3

고기가 매우  .

4

부모님의 사랑이  .

3일 비추다 / 비치다

 **비추다**

뜻 빛을 쏘아 무엇을 밝히거나 나타나게 하다.

예 불빛이 방을 비추다.

 **비치다**

뜻 빛이 나서 환하게 되다.

예 별빛이 비치다.

'비추다'와 '비치다'는 글자의 모양이 비슷해서 잘못 쓰기 쉬우니 뜻을 잘 구별해서 써야 해요. '비추다'는 '비치다'와 달리 '무엇을 비추는지'가 꼭 드러나야 해요.

 따라쓰기

문장을 소리 내어 읽고, 낱말을 바르게 따라 쓰세요.

 가로등이 거리를  있어요.

비 추 고

 손전등으로 바닥을 .

비 추 어 요

 창문에 빛이 .

비 치 어 요

확인하기

문장을 읽고, 알맞은 낱말을 사용한 문장에 ✓표 하세요.

1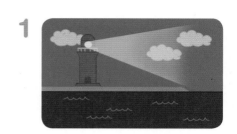
☐ 불빛이 바다를 비추어요.
☐ 불빛이 바다를 비치어요.

2
☐ 달빛이 우리를 비추고 있어요.
☐ 달빛이 우리를 비치고 있어요.

3
☐ 구름 사이로 햇빛이 비추어요.
☐ 구름 사이로 햇빛이 비치어요.

받아쓰기

불러 주는 문장을 듣고, 빈칸에 들어갈 낱말을 받아쓰세요.

4
꽃에 햇살이 ⬚⬚⬚⬚⬚ .

5
*조명이 얼굴을 ⬚⬚⬚⬚⬚⬚ .

***조명** 무대나 사진 촬영의 대상에 비추는 빛.

4일 부수다 / 부시다

 부수다

뜻 깨뜨려서 여러 조각이 나게 하거나 못 쓰게 만들다.

예 문을 부수다.

 **부시다**

뜻 빛이 세게 비쳐서 똑바로 쳐다보기 어렵다.

예 눈이 부시다.

맞춤법 강의 '부수다'와 '부시다'는 글자 모양이 비슷해서 잘못 쓰기 쉬우니, 뜻을 정확하게 알고 구별해서 써야 해요.

따라쓰기

 문장을 소리 내어 읽고, 낱말을 바르게 따라 쓰세요.

 돌을 작게 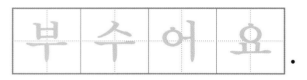　부　수　어　요 .

 집을　부　수　고　새로 지어요.

 눈이　부　시　게　하얀 옷을 입었어요.

확인하기

✓ **문장을 읽고, 밑줄 친 낱말이 바르면 ◯표, 틀리면 ✕표 하세요.**

1  이로 사탕을 <u>부시어요</u>.

2  유리창을 <u>부수고</u> 밖으로 나가요.

3  바닷속은 눈이 <u>부수게</u> 아름다워요.

받아쓰기

🎧 **불러 주는 문장을 듣고, 빈칸에 들어갈 낱말을 받아쓰세요.**

4  망치로 벽을  .

5  조명 때문에 눈이 .

확인하기
✓ 밑줄 친 낱말을 바르게 쓴 칸에 색칠하여 그림을 완성해 보세요.

1

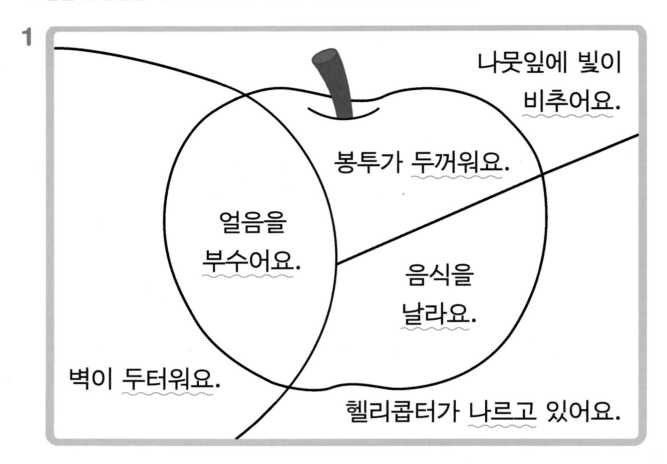

나뭇잎에 빛이 비추어요.

봉투가 두꺼워요.

얼음을 부수어요.

음식을 날라요.

벽이 두터워요.

헬리콥터가 나르고 있어요.

확인하기
✓ ⬜에 들어갈 알맞은 낱말을 찾아 선으로 이으세요.

2

물은 눈이 ⬜ 빛나요.

· 부시게

· 부수게

3

힘을 합쳐서 짐을 ⬜.

· 날아요

· 날라요

받아쓰기 불러 주는 문장을 잘 듣고, 맞춤법에 주의하며 받아쓰세요.

4

5

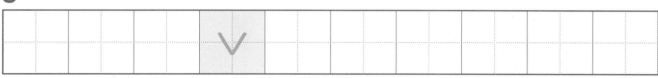

6

7

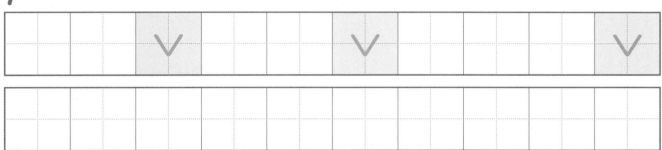

8

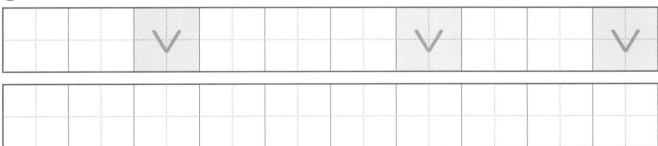

 이렇게 띄어 쓰세요

'~이/가', '~을/를'은 앞말에 붙여 쓰고, 뒤에 오는 말과 띄어 써요.

🐰 이번 주에 배운 낱말을 다시 읽고, 그 뜻을 익혀 보세요.

날다

뜻 공중에 떠서 어떤 방향으로 움직이다.

나르다

뜻 물건을 한 곳에서 다른 곳으로 옮기다.

두껍다

뜻 물건의 두꺼운 정도가 보통의 정도보다 크다.

두텁다

뜻 정이나 믿음, 사랑이 깊고 튼튼하다.

비추다

뜻 빛을 쏘아 무엇을 밝히거나 나타나게 하다.

비치다

뜻 빛이 나서 환하게 되다.

부수다

뜻 깨뜨려서 여러 조각이 나게 하거나 못 쓰게 만들다.

부시다

뜻 빛이 세게 비쳐서 똑바로 쳐다보기 어렵다.

맞춤법 실력 쑥쑥 상

이름 _____

위 어린이는 훌륭하게

초능력 맞춤법+받아쓰기 1-2를 마치고

우수한 맞춤법 실력을 쌓았기에

이 상장을 드립니다.

년   월   일

초능력

맞춤법 + 받아쓰기
정답과 풀이

초등 국어
1·2

동아출판

차례

1일 대표 소리 [ㄱ]

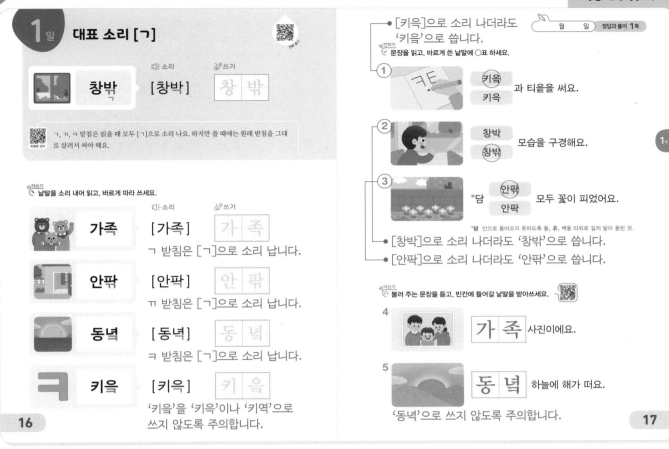

창밖 [창박] 창밖

ㄱ, ㄲ, ㅋ 받침은 읽을 때 모두 [ㄱ]으로 소리 나요. 하지만 쓸 때에는 원래 받침을 그대로 살려서 써야 해요.

낱말을 소리 내어 읽고, 바르게 따라 쓰세요.

가족 [가족] 가족
ㄱ 받침은 [ㄱ]으로 소리 납니다.

안팎 [안팍] 안팎
ㄲ 받침은 [ㄱ]으로 소리 납니다.

동녘 [동녁] 동녘
ㅋ 받침은 [ㄱ]으로 소리 납니다.

ㅋ 키읔 [키윽] 키읔
'키읔'을 '키읍'이나 '키역'으로 쓰지 않도록 주의합니다.

• [키윽]으로 소리 나더라도 '키읔'으로 씁니다.

문장을 읽고, 바르게 쓴 낱말에 ○표 하세요.

① 키읔 ⟍ 키읔 과 티읕을 써요.

② 창밖 ⟍ 창밖 모습을 구경해요.

③ *담 안팎 ⟍ 안팍 모두 꽃이 피었어요.
*담: 안으로 들어오지 못하도록 돌, 흙, 벽돌 따위로 길게 쌓아 올린 것.

• [창박]으로 소리 나더라도 '창밖'으로 씁니다.
• [안팍]으로 소리 나더라도 '안팎'으로 씁니다.

불러 주는 문장을 듣고, 빈칸에 들어갈 낱말을 받아쓰세요.

④ 가족 사진이에요.

⑤ 동녘 하늘에 해가 떠요.
'동녁'으로 쓰지 않도록 주의합니다.

2일 대표 소리 [ㄷ] 1

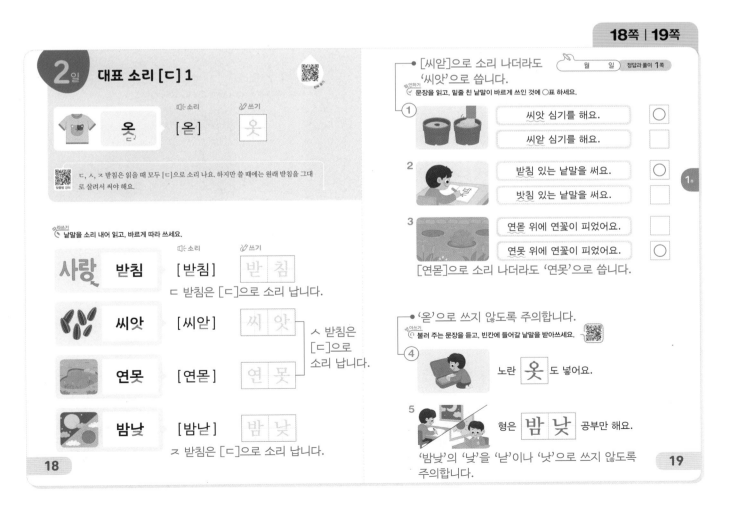

옷 [옫] 옷

ㄷ, ㅅ, ㅈ 받침은 읽을 때 모두 [ㄷ]으로 소리 나요. 하지만 쓸 때에는 원래 받침을 그대로 살려서 써야 해요.

낱말을 소리 내어 읽고, 바르게 따라 쓰세요.

받침 [받침] 받침
ㄷ 받침은 [ㄷ]으로 소리 납니다.

씨앗 [씨알] 씨앗
ㅅ 받침은 [ㄷ]으로 소리 납니다.

연못 [연몯] 연못

밤낮 [밤낟] 밤낮
ㅈ 받침은 [ㄷ]으로 소리 납니다.

• [씨알]으로 소리 나더라도 '씨앗'으로 씁니다.

문장을 읽고, 밑줄 친 낱말이 바르게 쓰인 것에 ○표 하세요.

① 씨앗 심기를 해요. ○
   씨앝 심기를 해요. ☐

② 받침 있는 낱말을 써요. ○
   밧침 있는 낱말을 써요. ☐

③ 연몯 위에 연꽃이 피었어요. ☐
   연못 위에 연꽃이 피었어요. ○
[연몯]으로 소리 나더라도 '연못'으로 씁니다.

• '옫'으로 쓰지 않도록 주의합니다.

불러 주는 문장을 듣고, 빈칸에 들어갈 낱말을 받아쓰세요.

④ 노란 옷 도 넣어요.

⑤ 형은 밤낮 공부만 해요.
'밤낮'의 '낮'을 '낟'이나 '낫'으로 쓰지 않도록 주의합니다.

5일 실력 쑥쑥 마무리

'창밖'이 들어가야 합니다.

'옷'이 들어가야 합니다.

토끼가 집을 찾아갈 수 있도록 빈칸에 들어갈 알맞은 낱말을 따라가 보세요.

1

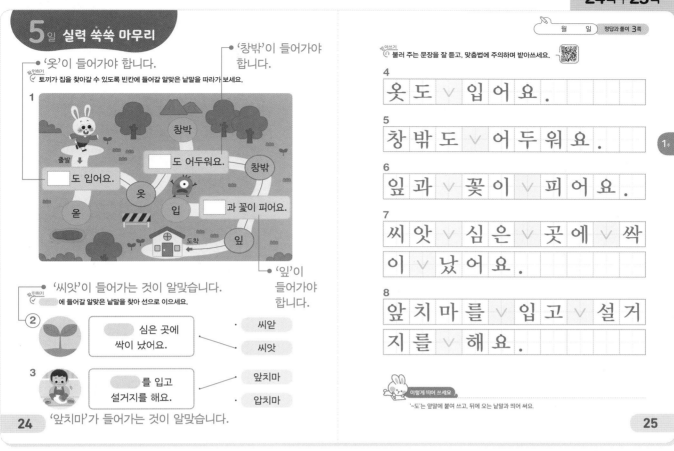

'씨앗'이 들어가는 것이 알맞습니다.

에 들어갈 알맞은 낱말을 찾아 선으로 이으세요.

2
□ 심은 곳에 싹이 났어요.
· 씨알
· 씨앗

3
□ 를 입고 설거지를 해요.
· 앞치마
· 압치마

'잎'이 들어가야 합니다.

'앞치마'가 들어가는 것이 알맞습니다.

24

불러 주는 문장을 잘 듣고, 맞춤법에 주의하며 받아쓰세요.

4
| 옷 | 도 | ∨ | 입 | 어 | 요 | . |

5
| 창 | 밖 | 도 | ∨ | 어 | 두 | 워 | 요 | . |

6
| 잎 | 과 | ∨ | 꽃 | 이 | ∨ | 피 | 어 | 요 | . |

7
| 씨 | 앗 | ∨ | 심 | 은 | ∨ | 곳 | 에 | ∨ | 싹 |
| 이 | ∨ | 났 | 어 | 요 | . |

8
| 앞 | 치 | 마 | 를 | ∨ | 입 | 고 | ∨ | 설 | 거 |
| 지 | 를 | ∨ | 해 | 요 | . |

이렇게 띄어 쓰세요
'-도'는 앞말에 붙여 쓰고, 뒤에 오는 낱말과 띄어 써요.

25

1일 ㄱ 받침 뒤에서 된소리가 나는 말

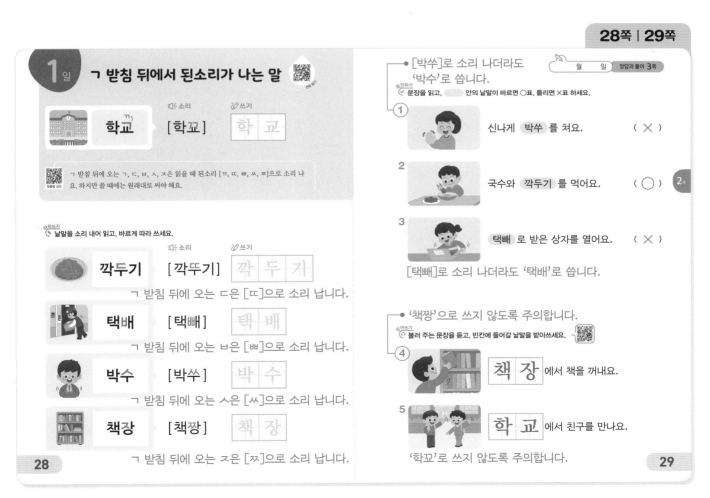

| 소리 | 쓰기 |
학교 [학꾜] 학 교

ㄱ 받침 뒤에 오는 ㄱ, ㄷ, ㅂ, ㅅ, ㅈ은 읽을 때 된소리 [ㄲ, ㄸ, ㅃ, ㅆ, ㅉ]으로 소리 나요. 하지만 쓸 때에는 원래대로 써야 해요.

낱말을 소리 내어 읽고, 바르게 따라 쓰세요.

깍두기 [깍뚜기] 깍 두 기

ㄱ 받침 뒤에 오는 ㄷ은 [ㄸ]으로 소리 납니다.

택배 [택빼] 택 배

ㄱ 받침 뒤에 오는 ㅂ은 [ㅃ]으로 소리 납니다.

박수 [박쑤] 박 수

ㄱ 받침 뒤에 오는 ㅅ은 [ㅆ]으로 소리 납니다.

책장 [책짱] 책 장

ㄱ 받침 뒤에 오는 ㅈ은 [ㅉ]으로 소리 납니다.

28

[박쑤]로 소리 나더라도 '박수'로 씁니다.

문장을 읽고, 안의 낱말이 바르면 ○표, 틀리면 ✕표 하세요.

1 신나게 박쑤 를 쳐요. (✕)

2 국수와 깍두기 를 먹어요. (○)

3 택빼 로 받은 상자를 열어요. (✕)

[택빼]로 소리 나더라도 '택배'로 씁니다.

'책짱'으로 쓰지 않도록 주의합니다.

불러 주는 문장을 듣고, 빈칸에 들어갈 낱말을 받아쓰세요.

4 책 장 에서 책을 꺼내요.

5 학 교 에서 친구를 만나요.

'학꾜'로 쓰지 않도록 주의합니다.

29

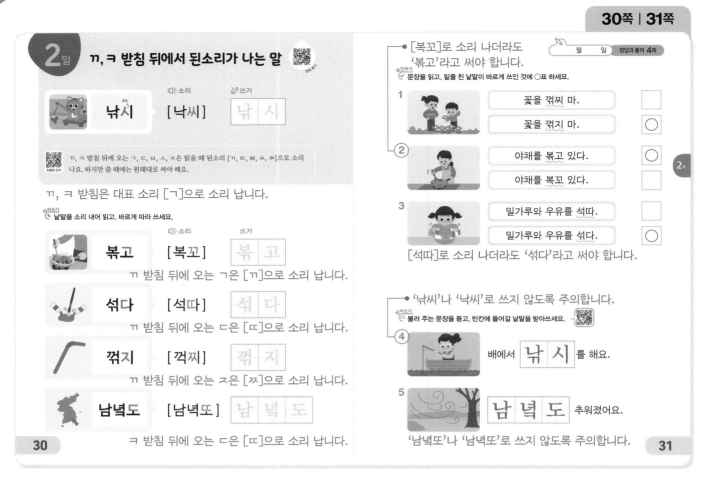

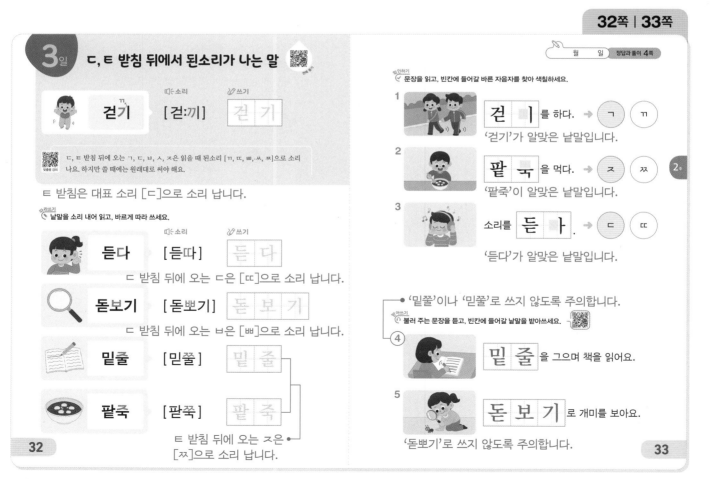

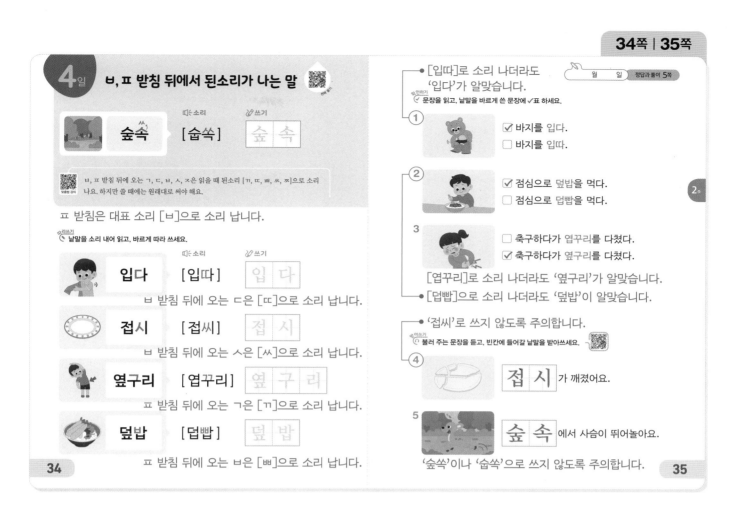

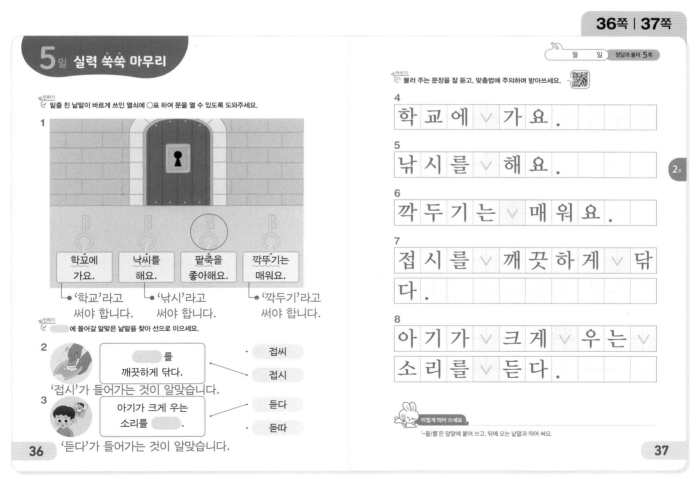

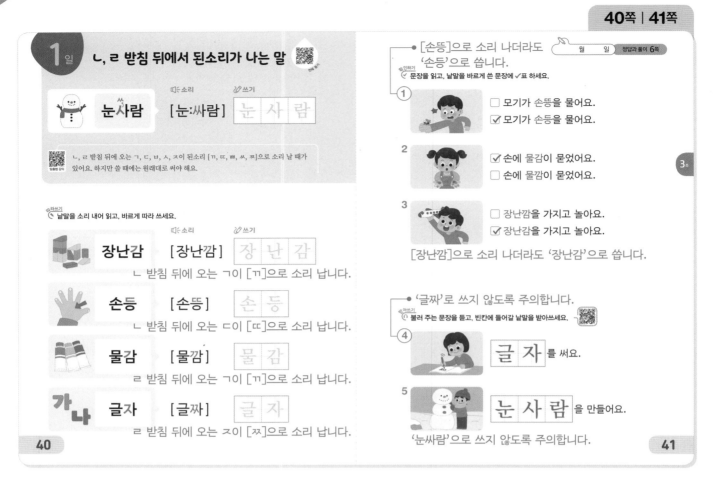

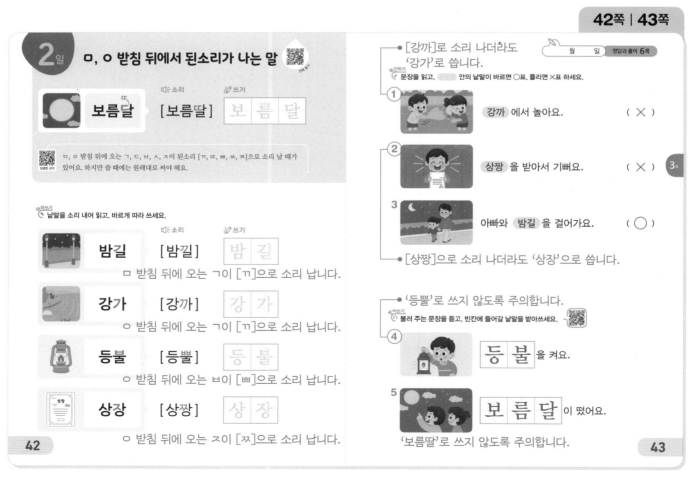

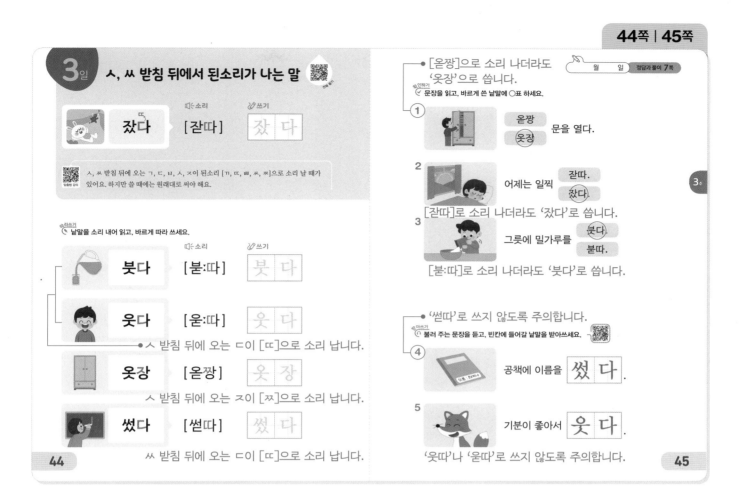

3일 ㅅ, ㅆ 받침 뒤에서 된소리가 나는 말

잤다 [잗따] 잤 다

ㅅ, ㅆ 받침 뒤에 오는 ㄱ, ㄷ, ㅂ, ㅅ, ㅈ이 된소리 [ㄲ, ㄸ, ㅃ, ㅆ, ㅉ]으로 소리 날 때가 있어요. 하지만 쓸 때에는 원래대로 써야 해요.

따라쓰기
날말을 소리 내어 읽고, 바르게 따라 쓰세요.

붓다 [붇:따] 붓 다

웃다 [욷:따] 웃 다

ㅅ 받침 뒤에 오는 ㄷ이 [ㄸ]으로 소리 납니다.

옷장 [옫짱] 옷 장

ㅅ 받침 뒤에 오는 ㅈ이 [ㅉ]으로 소리 납니다.

썼다 [썯따] 썼 다

ㅆ 받침 뒤에 오는 ㄷ이 [ㄸ]으로 소리 납니다.

[옫짱]으로 소리 나더라도 '옷장'으로 씁니다.

확인하기
문장을 읽고, 바르게 쓴 날말에 ○표 하세요.

1. 옫짱 / **옷장** 문을 열다.

2. 어제는 일찍 잗따. / **잤다.**

[잗따]로 소리 나더라도 '잤다'로 씁니다.

3. 그릇에 밀가루를 **붓다** / 붇따.

[붇:따]로 소리 나더라도 '붓다'로 씁니다.

'썯따'로 쓰지 않도록 주의합니다.

받아쓰기
불러 주는 문장을 듣고, 빈칸에 들어갈 날말을 받아쓰세요.

4. 공책에 이름을 **썼 다** .

5. 기분이 좋아서 **웃 다** .

'웃따'나 '욷따'로 쓰지 않도록 주의합니다.

44 · 45

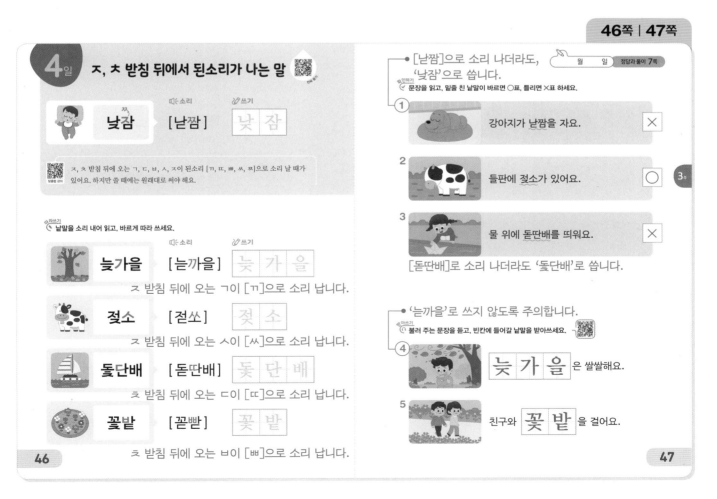

4일 ㅈ, ㅊ 받침 뒤에서 된소리가 나는 말

낮잠 [낟짬] 낮 잠

ㅈ, ㅊ 받침 뒤에 오는 ㄱ, ㄷ, ㅂ, ㅅ, ㅈ이 된소리 [ㄲ, ㄸ, ㅃ, ㅆ, ㅉ]으로 소리 날 때가 있어요. 하지만 쓸 때에는 원래대로 써야 해요.

따라쓰기
날말을 소리 내어 읽고, 바르게 따라 쓰세요.

늦가을 [늗까을] 늦 가 을

ㅈ 받침 뒤에 오는 ㄱ이 [ㄲ]으로 소리 납니다.

젖소 [젇쏘] 젖 소

ㅈ 받침 뒤에 오는 ㅅ이 [ㅆ]으로 소리 납니다.

돛단배 [돋딴배] 돛 단 배

ㅊ 받침 뒤에 오는 ㄷ이 [ㄸ]으로 소리 납니다.

꽃밭 [꼳빧] 꽃 밭

ㅊ 받침 뒤에 오는 ㅂ이 [ㅃ]으로 소리 납니다.

[낟짬]으로 소리 나더라도, '낮잠'으로 씁니다.

확인하기
문장을 읽고, 밑줄 친 날말이 바르면 ○표, 틀리면 ×표 하세요.

1. 강아지가 낟짬을 자요. ×

2. 들판에 젖소가 있어요. ○

3. 물 위에 돋딴배를 띄워요. ×

[돋딴배]로 소리 나더라도 '돛단배'로 씁니다.

'늗까을'로 쓰지 않도록 주의합니다.

받아쓰기
불러 주는 문장을 듣고, 빈칸에 들어갈 날말을 받아쓰세요.

4. **늦 가 을** 은 쌀쌀해요.

5. 친구와 **꽃 밭** 을 걸어요.

46 · 47

5일 실력 쑥쑥 마무리

확인하기
동물들이 낚시를 할 수 있도록 밑줄 친 낱말이 바르게 쓰인 카드에 모두 ○표 하세요.

1

• '장난감'이라고 써야 합니다.

옷장에
넣어요.

장난감을
샀어요.

돛단배를
타요.

밤길은
어두워요.

상장을
받았어요.

• '밤길'이라고 써야 합니다.

• '낮잠'이 들어가는 것이 알맞습니다.

확인하기
☐ 에 들어갈 알맞은 낱말을 찾아 선으로 이으세요.

② 풀밭에 누워서
☐ 을 자요.

· 낮짬

· 낮잠

3 날씨가 따뜻해서
☐ 이 녹아요.

· 눈사람

· 눈싸람

• '눈사람'이 들어가는 것이 알맞습니다.

48

받아쓰기
불러 주는 문장을 잘 듣고, 맞춤법에 주의하며 받아쓰세요.

4

| 옷 | 장 | 에 | ∨ | 넣 | 어 | 요 | . |

5

| 돛 | 단 | 배 | 를 | ∨ | 타 | 요 | . |

6

| 밤 | 길 | 은 | ∨ | 어 | 두 | 워 | 요 | . |

7

| 풀 | 밭 | 에 | ∨ | 누 | 워 | 서 | ∨ | 낮 | 잠 |
| 을 | ∨ | 자 | 요 | . |

8

| 날 | 씨 | 가 | ∨ | 따 | 뜻 | 해 | 서 | ∨ | 눈 |
| 사 | 람 | 이 | ∨ | 녹 | 아 | 요 | . |

이렇게 띄어 쓰세요
장소를 나타내는 말 뒤에 오는 '-에'는 앞말과 붙여 써요.

49

1일 아기 / 창피

아기   창피

뜻 '젖먹이 아이'와 같은 어린아이를 귀엽게 이르는 말.
예 아기가 엉엉 울어요.

뜻 몹시 부끄러움.
예 창피하지 않아도 돼.

'아기'는 '애기', '창피'는 '챙피'처럼 모음자를 잘못 쓰기 쉬워요. 모음자를 잘못 쓰면 틀린 낱말이 되므로 알맞은 모음자를 쓰도록 주의해야 해요.

• '아직 젖을 먹는 어린아이.'라는 뜻이므로 '아기'를 씁니다.

따라쓰기
☐ 문장을 소리 내어 읽고, 낱말을 바르게 따라 쓰세요.

아빠가 | 아 | 기 | 를 안아요.

이모가 | 아 | 기 | 를 낳았어요.

| 창 | 피 | 해서 얼굴이 빨개졌어요.

몹시 부끄러운 일을 겪은 것이므로 '창피'를 씁니다.

52

확인하기
☐ 문장을 읽고, 밑줄 친 낱말이 바르면 ○표, 틀리면 ✕표 하세요.

1 애기와 함께 놀아요.   (✕)
'아기'라고 써야 합니다.

2 너 때문에 너무 창피해.   (○)

3 친구들 앞에서 넘어져서 챙피해요. (✕)
'창피'라고 써야 합니다.

• '애기'라고 쓰지 않도록 주의합니다.

받아쓰기
불러 주는 문장을 듣고, 빈칸에 들어갈 낱말을 받아쓰세요.

④ | 아 | 기 | 가 장난감을 흔들어요.

5 동생은 | 창 | 피 | 하며 숨었어요.

'챙피'라고 쓰지 않도록 주의합니다.

53

2일 여칠 / 알맞은

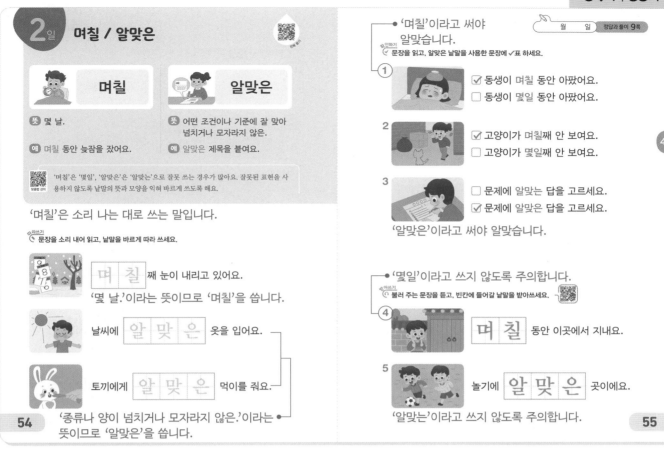

며칠

뜻 몇 날.

예 며칠 동안 늦잠을 잤어요.

알맞은

뜻 어떤 조건이나 기준에 잘 맞아 넘치거나 모자라지 않은.

예 알맞은 제목을 붙여요.

'며칠'은 '몇일', '알맞은'은 '알맞는'으로 잘못 쓰는 경우가 많아요. 잘못된 표현을 사용하지 않도록 낱말의 뜻과 모양을 익혀 바르게 쓰도록 해요.

'며칠'은 소리 나는 대로 쓰는 말입니다.

따라쓰기 문장을 소리 내어 읽고, 낱말을 바르게 따라 쓰세요.

며 칠 째 눈이 내리고 있어요.

'몇 날.'이라는 뜻이므로 '며칠'을 씁니다.

날씨에 알 맞 은 옷을 입어요.

토끼에게 알 맞 은 먹이를 줘요.

'종류나 양이 넘치거나 모자라지 않은.'이라는 뜻이므로 '알맞은'을 씁니다.

54

● '며칠'이라고 써야 알맞습니다.

확인하기 문장을 읽고, 알맞은 낱말을 사용한 문장에 ✓표 하세요.

1 ☑ 동생이 며칠 동안 아팠어요.
  ☐ 동생이 몇일 동안 아팠어요.

2 ☑ 고양이가 며칠째 안 보여요.
  ☐ 고양이가 몇일째 안 보여요.

3 ☐ 문제에 알맞는 답을 고르세요.
  ☑ 문제에 알맞은 답을 고르세요.

'알맞은'이라고 써야 알맞습니다.

● '몇일'이라고 쓰지 않도록 주의합니다.

받아쓰기 불러 주는 문장을 듣고, 빈칸에 들어갈 낱말을 받아쓰세요.

4 며 칠 동안 이곳에서 지내요.

5 놀기에 알 맞 은 곳이에요.

'알맞는'이라고 쓰지 않도록 주의합니다.

55

3일 -ㄹ게 / -ㄹ걸

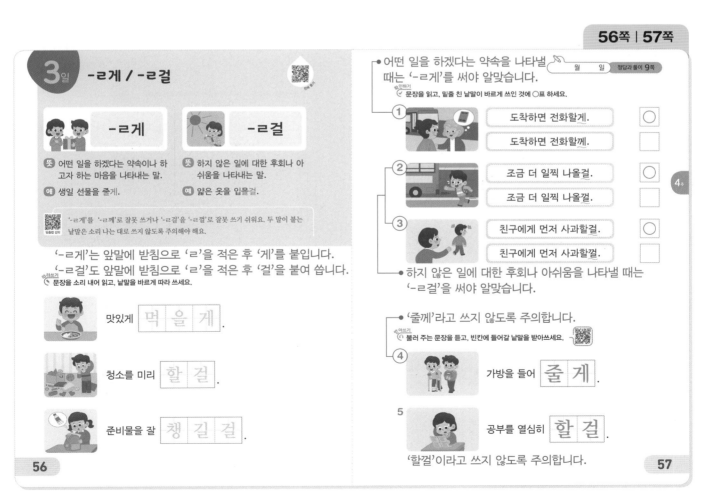

-ㄹ게

뜻 어떤 일을 하겠다는 약속이나 하고자 하는 마음을 나타내는 말.

예 생일 선물을 줄게.

-ㄹ걸

뜻 하지 않은 일에 대한 후회나 아쉬움을 나타내는 말.

예 얇은 옷을 입을걸.

'-ㄹ게'를 '-ㄹ께'로 잘못 쓰거나 '-ㄹ걸'을 '-ㄹ껄'로 잘못 쓰기 쉬워요. 두 말이 붙는 낱말은 소리 나는 대로 쓰지 않도록 주의해야 해요.

'-ㄹ게'는 앞말에 받침으로 'ㄹ'을 적은 후 '게'를 붙입니다.
'-ㄹ걸'도 앞말에 받침으로 'ㄹ'을 적은 후 '걸'을 붙여 씁니다.

따라쓰기 문장을 소리 내어 읽고, 낱말을 바르게 따라 쓰세요.

맛있게 먹 을 게 .

청소를 미리 할 걸 .

준비물을 잘 챙 길 걸 .

56

● 어떤 일을 하겠다는 약속을 나타낼 때는 '-ㄹ게'를 써야 알맞습니다.

확인하기 문장을 읽고, 밑줄 친 낱말이 바르게 쓰인 것에 ○표 하세요.

1 도착하면 전화할게. ○
  도착하면 전화할께.

2 조금 더 일찍 나올걸. ○
  조금 더 일찍 나올껄.

3 친구에게 먼저 사과할걸. ○
  친구에게 먼저 사과할껄.

● 하지 않은 일에 대한 후회나 아쉬움을 나타낼 때는 '-ㄹ걸'을 써야 알맞습니다.

● '줄께'라고 쓰지 않도록 주의합니다.

받아쓰기 불러 주는 문장을 듣고, 빈칸에 들어갈 낱말을 받아쓰세요.

4 가방을 들어 줄 게 .

5 공부를 열심히 할 걸 .

'할껄'이라고 쓰지 않도록 주의합니다.

57

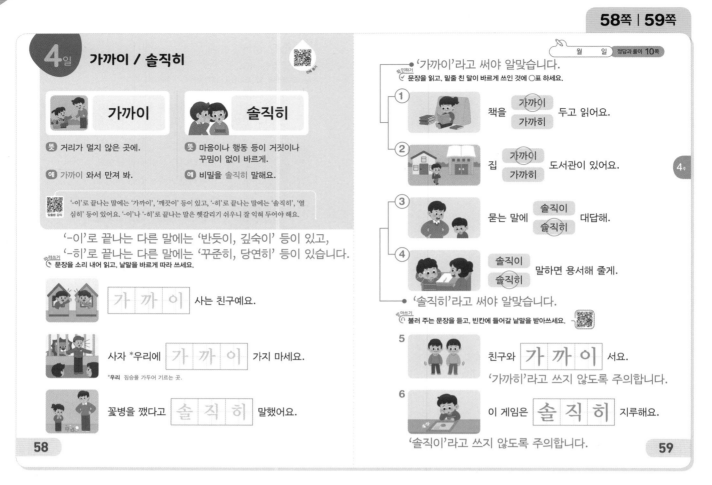

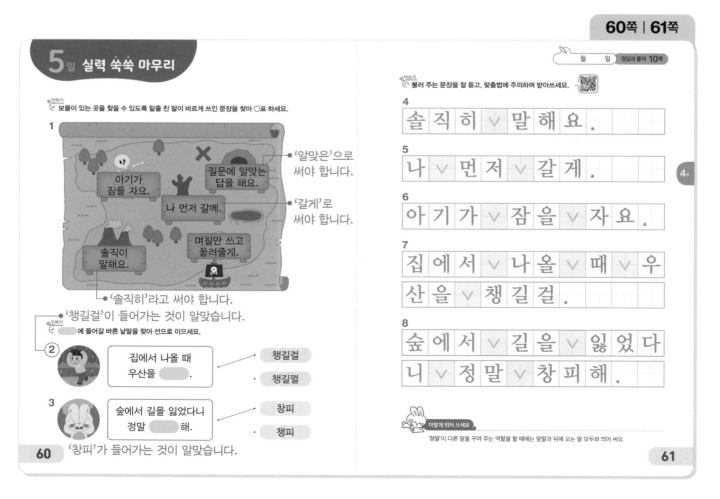

1일 찌개 / 베개

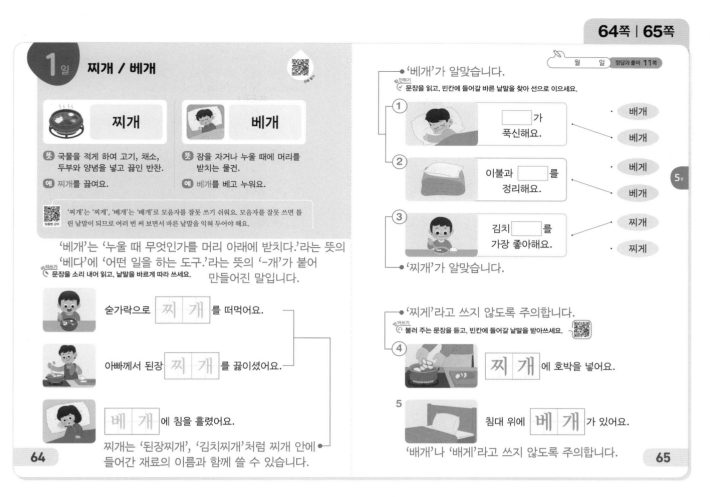

찌개

뜻 국물을 적게 하여 고기, 채소, 두부와 양념을 넣고 끓인 반찬.

예 찌개를 끓여요.

베개

뜻 잠을 자거나 누울 때에 머리를 받치는 물건.

예 베개를 베고 누워요.

'찌개'는 '찌게', '베개'는 '베게'로 모음자를 잘못 쓰기 쉬워요. 모음자를 잘못 쓰면 틀린 낱말이 되므로 여러 번 써 보면서 바른 낱말을 익혀 두어야 해요.

'베개'는 '누울 때 무엇인가를 머리 아래에 받치다.'라는 뜻의 '베다'에 '어떤 일을 하는 도구.'라는 뜻의 '-개'가 붙어 만들어진 말입니다.

따라쓰기 문장을 소리 내어 읽고, 낱말을 바르게 따라 쓰세요.

숟가락으로 **찌 개** 를 떠먹어요.

아빠께서 된장 **찌 개** 를 끓이셨어요.

베 개 에 침을 흘렸어요.

찌개는 '된장찌개', '김치찌개'처럼 찌개 안에 들어간 재료의 이름과 함께 쓸 수 있습니다.

64

● '베개'가 알맞습니다.

확인하기 문장을 읽고, 빈칸에 들어갈 바른 낱말을 찾아 선으로 이으세요.

① [　]가 푹신해요. ・ · 배개 · 베개

② 이불과 [　]를 정리해요. · · 베게 · 베개

③ 김치[　]를 가장 좋아해요. · 찌개 · 찌게

● '찌개'가 알맞습니다.

● '찌게'라고 쓰지 않도록 주의합니다.

받아쓰기 불러 주는 문장을 듣고, 빈칸에 들어갈 낱말을 받아쓰세요.

④ **찌 개** 에 호박을 넣어요.

⑤ 침대 위에 **베 개** 가 있어요.

'배개'나 '베게'라고 쓰지 않도록 주의합니다.

65

2일 묻다 / 숟가락

묻다

뜻 대답이나 설명을 해 달라는 뜻으로 말하다.

예 길을 묻다.

숟가락

뜻 밥이나 국물 따위를 떠먹는 기구.

예 숟가락으로 밥을 떠요.

'묻다'는 '뭇다'로, '숟가락'은 '숫가락'으로 낱말의 받침을 잘못 쓰기 쉬워요. 받침을 잘못 쓰면 틀린 낱말이 되므로 여러 번 써 보면서 바른 낱말을 익혀 두어야 해요.

'묻다'는 길게 소리 내어 [묻ː따]로 발음해야 합니다.

따라쓰기 문장을 소리 내어 읽고, 낱말을 바르게 따라 쓰세요.

정답을 **묻 다** .

정답을 대답해 달라는 뜻이므로 '묻다'를 씁니다.

친구가 잘 지내는지 **묻 다** .

숟 가 락 을 바닥에 떨어뜨렸어요.

66

확인하기 문장을 읽고, 알맞은 낱말을 사용한 문장에 ✓표 하세요.

1 ☑ 물건의 가격을 묻다. ☐ 물건의 가격을 뭍다.

2 ☐ 식물의 이름을 묻다. ☑ 식물의 이름을 묻다.

'묻다'라고 써야 알맞습니다.

3 ☑ 숟가락이 구부러졌어요. ☐ 숫가락이 구부러졌어요.

'숟가락'이라고 써야 알맞습니다.

● '뭍다'라고 쓰지 않도록 주의합니다.

받아쓰기 불러 주는 문장을 듣고, 빈칸에 들어갈 낱말을 받아쓰세요.

④ *안부를 **묻 다** .

*안부 어떤 사람이 편안하게 잘 지내고 있는지 아닌지에 대한 소식.

⑤ **숟 가 락** 과 젓가락을 놓다.

'숫가락'이나 '숫가락'으로 쓰지 않도록 주의합니다.

67

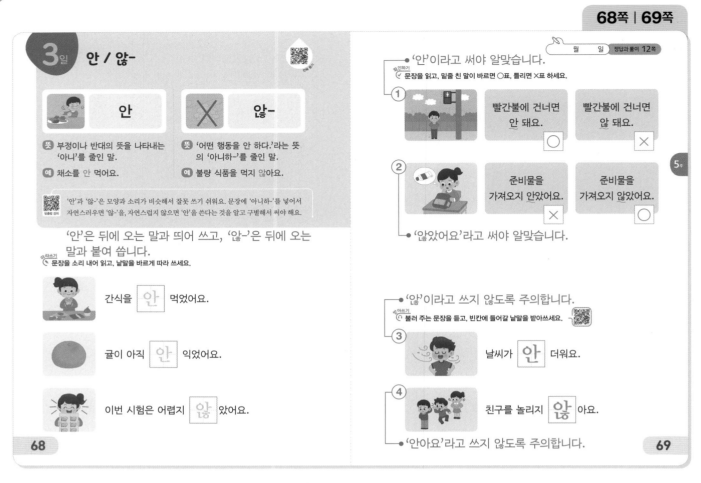

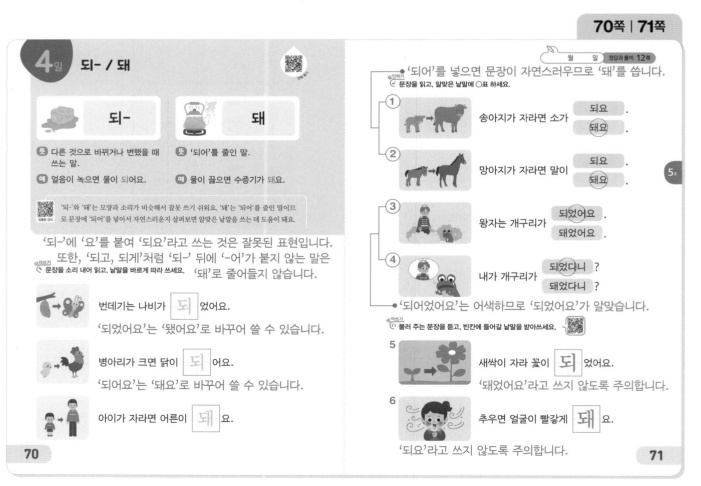

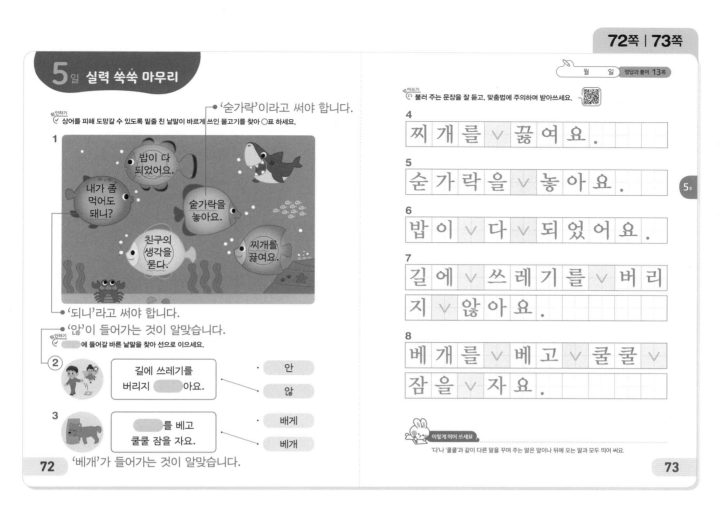

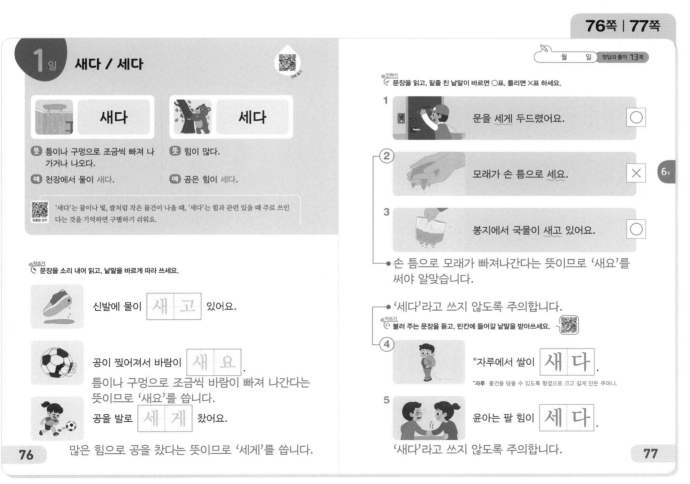

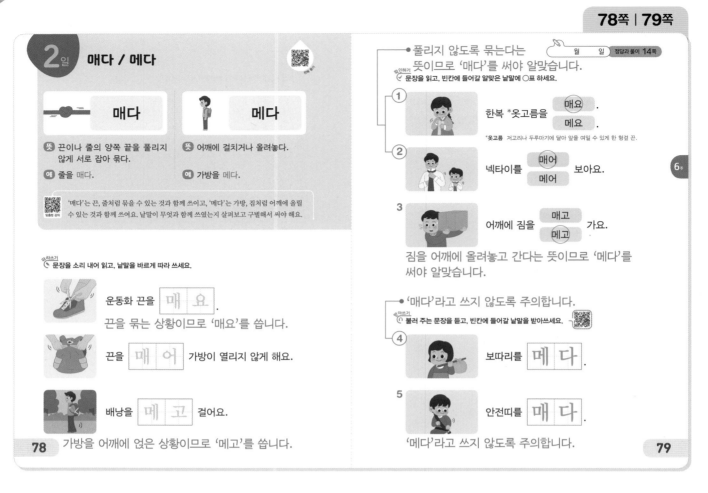

2일 매다 / 에다

매다
뜻 끈이나 줄의 양쪽 끝을 풀리지 않게 서로 잡아 묶다.
예 줄을 매다.

메다
뜻 어깨에 걸치거나 올려놓다.
예 가방을 메다.

'매다'는 끈, 줄처럼 묶을 수 있는 것과 함께 쓰이고, '메다'는 가방, 짐처럼 어깨에 올릴 수 있는 것과 함께 쓰여요. 낱말이 무엇과 함께 쓰였는지 살펴보고 구별해서 써야 해요.

따라쓰기
문장을 소리 내어 읽고, 낱말을 바르게 따라 쓰세요.

운동화 끈을 매요 .
끈을 묶는 상황이므로 '매요'를 씁니다.

끈을 매어 가방이 열리지 않게 해요.

배낭을 메고 걸어요.
가방을 어깨에 얹은 상황이므로 '메고'를 씁니다.

78

• 풀리지 않도록 묶는다는 뜻이므로 '매다'를 써야 알맞습니다.

월 일 정답과 풀이 14쪽

확인하기
문장을 읽고, 빈칸에 들어갈 알맞은 낱말에 ○표 하세요.

① 한복 *옷고름을 매요 / 메요 .
*옷고름 저고리나 두루마기에 달아 앞을 여밀 수 있게 한 헝겊 끈.

② 넥타이를 매어 / 메어 보아요.

③ 어깨에 짐을 매고 / 메고 가요.
짐을 어깨에 올려놓고 간다는 뜻이므로 '메다'를 써야 알맞습니다.

• '매다'라고 쓰지 않도록 주의합니다.

받아쓰기
불러 주는 문장을 듣고, 빈칸에 들어갈 낱말을 받아쓰세요.

④ 보따리를 메 다 .

⑤ 안전띠를 매 다 .
'메다'라고 쓰지 않도록 주의합니다.

79

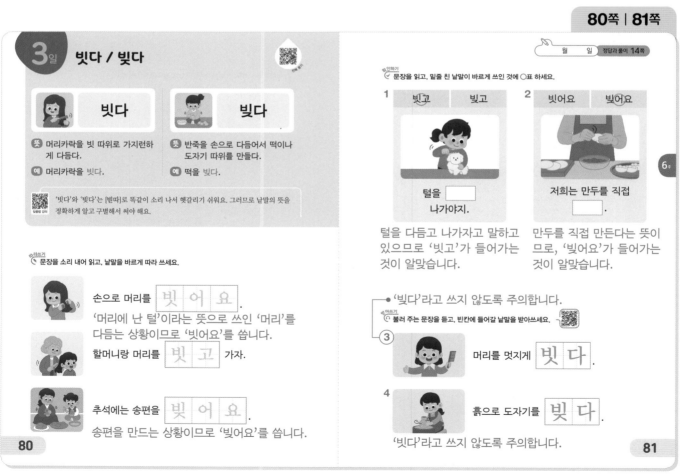

3일 빗다 / 빚다

빗다
뜻 머리카락을 빗 따위로 가지런하게 다듬다.
예 머리카락을 빗다.

빚다
뜻 반죽을 손으로 다듬어서 떡이나 도자기 따위를 만들다.
예 떡을 빚다.

'빗다'와 '빚다'는 [빋따]로 똑같이 소리 나서 헷갈리기 쉬워요. 그러므로 낱말의 뜻을 정확하게 알고 구별해서 써야 해요.

따라쓰기
문장을 소리 내어 읽고, 낱말을 바르게 따라 쓰세요.

손으로 머리를 빗 어 요 .
'머리에 난 털'이라는 뜻으로 쓰인 '머리'를 다듬는 상황이므로 '빗어요'를 씁니다.

할머니랑 머리를 빗 고 가자.

추석에는 송편을 빚 어 요 .
송편을 만드는 상황이므로 '빚어요'를 씁니다.

80

월 일 정답과 풀이 14쪽

확인하기
문장을 읽고, 밑줄 친 낱말이 바르게 쓰인 것에 ○표 하세요.

① 빗고 / 빚고
털을 나가야지.
털을 다듬고 나가자고 말하고 있으므로 '빗고'가 들어가는 것이 알맞습니다.

② 빗어요 / 빚어요
저희는 만두를 직접 .
만두를 직접 만든다는 뜻이므로, '빚어요'가 들어가는 것이 알맞습니다.

• '빚다'라고 쓰지 않도록 주의합니다.

받아쓰기
불러 주는 문장을 듣고, 빈칸에 들어갈 낱말을 받아쓰세요.

③ 머리를 멋지게 빗 다 .

④ 흙으로 도자기를 빚 다 .
'빗다'라고 쓰지 않도록 주의합니다.

81

4일 짓다 / 짖다

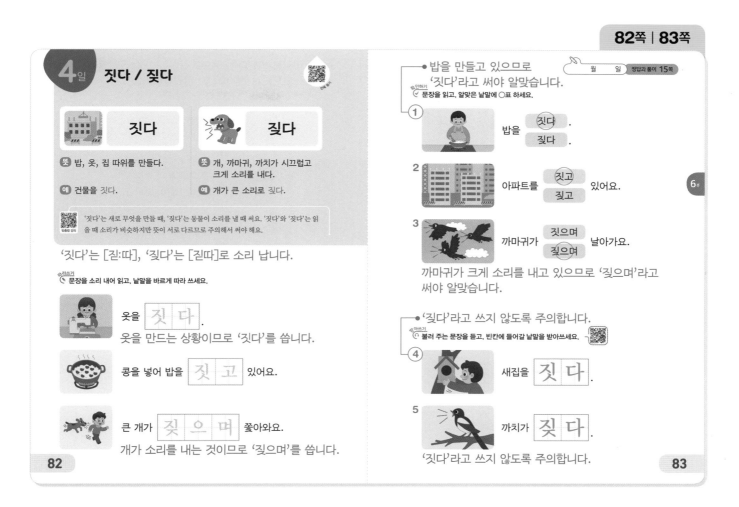

짓다	짖다
뜻 밥, 옷, 집 따위를 만들다.	뜻 개, 까마귀, 까치가 시끄럽고 크게 소리를 내다.
예 건물을 짓다.	예 개가 큰 소리로 짖다.

'짓다'는 새로 무엇을 만들 때, '짖다'는 동물이 소리를 낼 때 써요. '짓다'와 '짖다'는 읽을 때 소리가 비슷하지만 뜻이 서로 다르므로 주의해서 써야 해요.

'짓다'는 [짇:따], '짖다'는 [짇따]로 소리 납니다.

따라쓰기 문장을 소리 내어 읽고, 낱말을 바르게 따라 쓰세요.

옷을 짓 다 .
옷을 만드는 상황이므로 '짓다'를 씁니다.

콩을 넣어 밥을 짓 고 있어요.

큰 개가 짖 으 며 쫓아와요.
개가 소리를 내는 것이므로 '짖으며'를 씁니다.

82

• 밥을 만들고 있으므로 '짓다'라고 써야 알맞습니다.

확인하기 문장을 읽고, 알맞은 낱말에 ○표 하세요.

1 밥을 (짓다 / 짖다) .

2 아파트를 (짓고 / 짖고) 있어요.

3 까마귀가 (짓으며 / 짖으며) 날아가요.
까마귀가 크게 소리를 내고 있으므로 '짖으며'라고 써야 알맞습니다.

• '짖다'라고 쓰지 않도록 주의합니다.

받아쓰기 불러 주는 문장을 듣고, 빈칸에 들어갈 낱말을 받아쓰세요.

4 새집을 짓 다 .

5 까치가 짖 다 .
'짓다'라고 쓰지 않도록 주의합니다.

83

5일 실력 쑥쑥 마무리

연하기 병아리가 아빠 닭을 찾아갈 수 있도록 밑줄 친 낱말이 바르게 쓰인 길을 따라가 보세요.

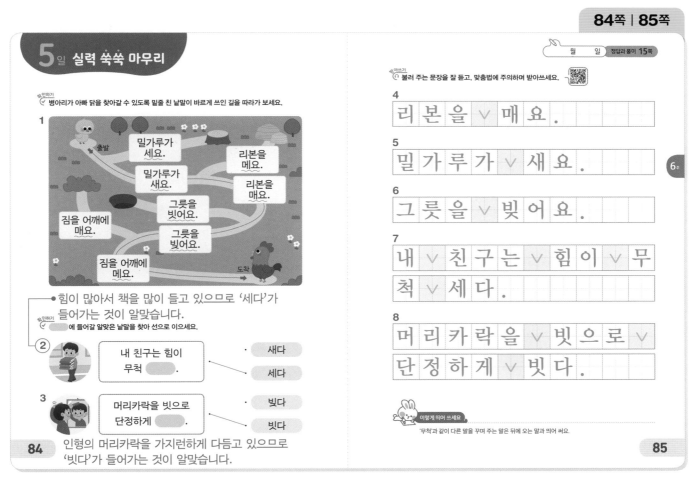

1 (출발)
밀가루가 세요.
밀가루가 새요.
리본을 메요.
리본을 매요.
짐을 어깨에 매요.
그릇을 빚어요.
그릇을 빌어요.
짐을 어깨에 메요.
(도착)

• 힘이 많아서 책을 많이 들고 있으므로 '세다'가 들어가는 것이 알맞습니다.

확인하기 에 들어갈 알맞은 낱말을 찾아 선으로 이으세요.

2 내 친구는 힘이 무척 ____ .
· 새다
· 세다

3 머리카락을 빗으로 단정하게 ____ .
· 빚다
· 빗다

84

인형의 머리카락을 가지런하게 다듬고 있으므로 '빗다'가 들어가는 것이 알맞습니다.

받아쓰기 불러 주는 문장을 잘 듣고, 맞춤법에 주의하며 받아쓰세요.

4 리본을 ∨ 매요.

5 밀가루가 ∨ 새요.

6 그릇을 ∨ 빚어요.

7 내 ∨ 친구는 ∨ 힘이 ∨ 무척 ∨ 세다.

8 머리카락을 ∨ 빗으로 ∨ 단정하게 ∨ 빗다.

이렇게 띄어 쓰세요
'무척'과 같이 다른 말을 꾸며 주는 말은 뒤에 오는 말과 띄어 써요.

85

1일 덥다 / 덮다

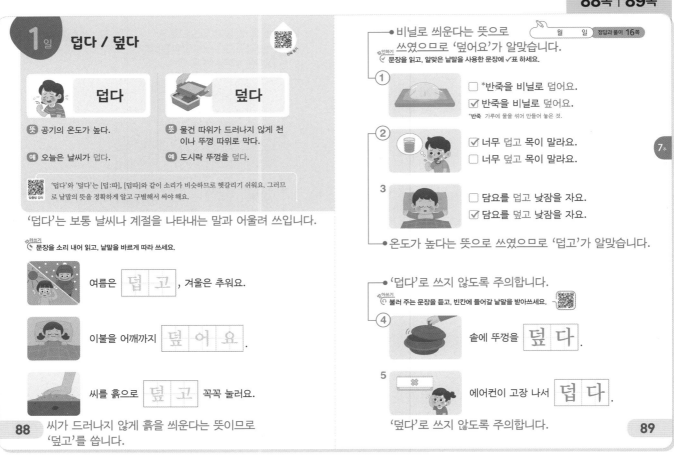

덥다

뜻 공기의 온도가 높다.

예 오늘은 날씨가 덥다.

덮다

뜻 물건 따위가 드러나지 않게 천이나 뚜껑 따위로 막다.

예 도시락 뚜껑을 덮다.

'덥다'와 '덮다'는 [덥:따], [덥따]와 같이 소리가 비슷하므로 헷갈리기 쉬워요. 그러므로 낱말의 뜻을 정확하게 알고 구별해서 써야 해요.

'덥다'는 보통 날씨나 계절을 나타내는 말과 어울려 쓰입니다.

📖 따라쓰기 문장을 소리 내어 읽고, 낱말을 바르게 따라 쓰세요.

여름은 덥 고 , 겨울은 추워요.

이불을 어깨까지 덮 어 요 .

씨를 흙으로 덮 고 꼭꼭 눌러요.

88 씨가 드러나지 않게 흙을 씌운다는 뜻이므로 '덮고'를 씁니다.

● 비닐로 씌운다는 뜻으로 쓰였으므로 '덮어요'가 알맞습니다.

월 일 정답과 풀이 16쪽

📖 확인하기 ✓ 문장을 읽고, 알맞은 낱말을 사용한 문장에 ✓표 하세요.

① ☐ *반죽을 비닐로 덥어요.
☑ 반죽을 비닐로 덮어요.
*반죽 가루에 물을 섞어 만들어 놓은 것.

② ☑ 너무 덥고 목이 말라요.
☐ 너무 덮고 목이 말라요.

③ ☐ 담요를 덥고 낮잠을 자요.
☑ 담요를 덮고 낮잠을 자요.

● 온도가 높다는 뜻으로 쓰였으므로 '덥고'가 알맞습니다.

● '덥다'로 쓰지 않도록 주의합니다.

📖 받아쓰기 ✓ 불러 주는 문장을 듣고, 빈칸에 들어갈 낱말을 받아쓰세요.

④ 솥에 뚜껑을 덮 다 .

⑤ 에어컨이 고장 나서 덥 다 .

'덮다'로 쓰지 않도록 주의합니다.

89

2일 다치다 / 닫히다

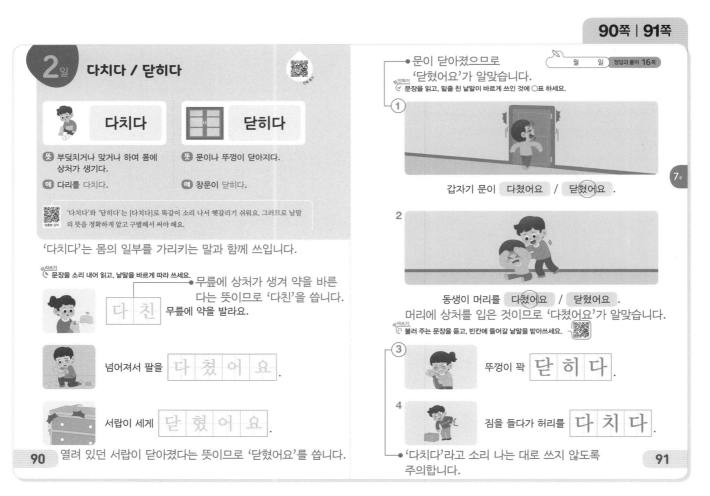

다치다

뜻 부딪치거나 맞거나 하여 몸에 상처가 생기다.

예 다리를 다치다.

닫히다

뜻 문이나 뚜껑이 닫아지다.

예 창문이 닫히다.

'다치다'와 '닫히다'는 [다치다]로 똑같이 소리 나서 헷갈리기 쉬워요. 그러므로 낱말의 뜻을 정확하게 알고 구별해서 써야 해요.

'다치다'는 몸의 일부를 가리키는 말과 함께 쓰입니다.

📖 따라쓰기 문장을 소리 내어 읽고, 낱말을 바르게 따라 쓰세요.

● 무릎에 상처가 생겨 약을 바른다는 뜻이므로 '다친'을 씁니다.

다 친 무릎에 약을 발라요.

넘어져서 팔을 다 쳤 어 요 .

서랍이 세게 닫 혔 어 요 .

90 열려 있던 서랍이 닫아졌다는 뜻이므로 '닫혔어요'를 씁니다.

● 문이 닫아졌으므로 '닫혔어요'가 알맞습니다.

월 일 정답과 풀이 16쪽

📖 확인하기 ✓ 문장을 읽고, 밑줄 친 낱말이 바르게 쓰인 것에 ◯표 하세요.

① 갑자기 문이 다쳤어요 / (닫혔어요) .

② 동생이 머리를 (다쳤어요) / 닫혔어요 .
머리에 상처를 입은 것이므로 '다쳤어요'가 알맞습니다.

📖 받아쓰기 ✓ 불러 주는 문장을 듣고, 빈칸에 들어갈 낱말을 받아쓰세요.

③ 뚜껑이 꽉 닫 히 다 .

④ 짐을 들다가 허리를 다 치 다 .

● '다치다'라고 소리 나는 대로 쓰지 않도록 주의합니다.

91

3일 부치다 / 붙이다

부치다

뜻 편지나 물건 따위를 상대에게로 보내다.

예 편지를 부치다.

붙이다

뜻 맞닿아 떨어지지 않게 하다.

예 풀로 붙이다.

'부치다'와 '붙이다'는 [부치다]로 똑같이 소리 나서 헷갈리기 쉬워요. '보내다'의 뜻이면 '부치다', '떨어지지 않게 하다'의 뜻이면 '붙이다'로 뜻을 구별해서 써야 해요.

따라쓰기
문장을 소리 내어 읽고, 낱말을 바르게 따라 쓰세요.

짐을 제주도로 **부 쳐 요** .

짐을 제주도로 보낸다는 뜻이므로 '부쳐요'를 씁니다.

가방에 이름표를 **붙 여 요** .

편지봉투에 우표를 **붙 여 요** .

떨어지지 않게 한다는 뜻이므로 '붙여요'를 씁니다.

92

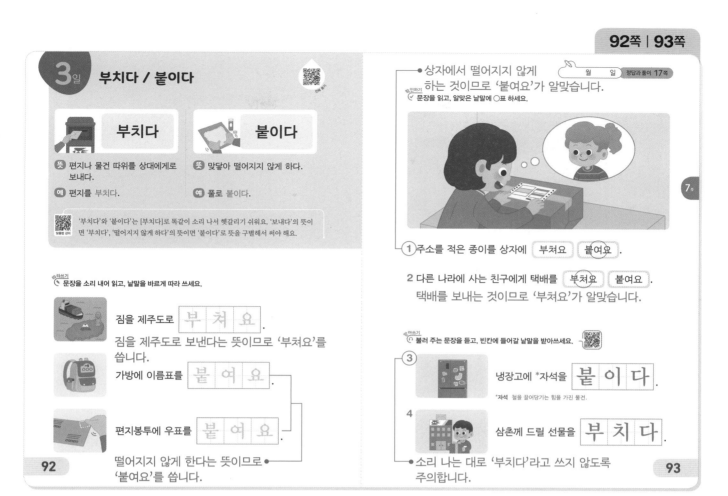

• 상자에서 떨어지지 않게 하는 것이므로 '붙여요'가 알맞습니다.

확인하기
문장을 읽고, 알맞은 낱말에 ○표 하세요.

월 일 정답과 풀이 17쪽

1 주소를 적은 종이를 상자에 **부쳐요** **(붙여요)** .

2 다른 나라에 사는 친구에게 택배를 **(부쳐요)** **붙여요** .
택배를 보내는 것이므로 '부쳐요'가 알맞습니다.

받아쓰기
불러 주는 문장을 듣고, 빈칸에 들어갈 낱말을 받아쓰세요.

3 냉장고에 *자석을 **붙 이 다** .

*자석 철을 끌어당기는 힘을 가진 물건.

4 삼촌께 드릴 선물을 **부 치 다** .

• 소리 나는 대로 '부치다'라고 쓰지 않도록 주의합니다.

93

4일 바치다 / 받치다

바치다

뜻 윗사람에게 무엇을 예의 바르고 의젓하게 드리다.

예 선물을 바치다.

받치다

뜻 물건의 밑이나 옆 따위에 다른 물건을 대다.

예 양손으로 턱을 받치다.

'바치다'와 '받치다'는 [바치다], [받치다]와 같이 읽을 때 소리가 비슷해서 헷갈리기 쉬워요. 그러므로 낱말의 뜻을 정확하게 알고 구별해서 써야 해요.

따라쓰기
문장을 소리 내어 읽고, 낱말을 바르게 따라 쓰세요.

할머니께 꽃을 **바 쳐 요** .

할머니께 꽃을 드린다는 뜻이므로 '바쳐요'를 씁니다.

*발판을 **받 치 고** 올라가요.

*발판 키를 높이려고 발밑에 대는 것.

차와 과자를 쟁반으로 **받 쳐 요** .

차와 과자의 밑에 쟁반을 대었다는 뜻이므로 '받쳐요'를 씁니다.

94

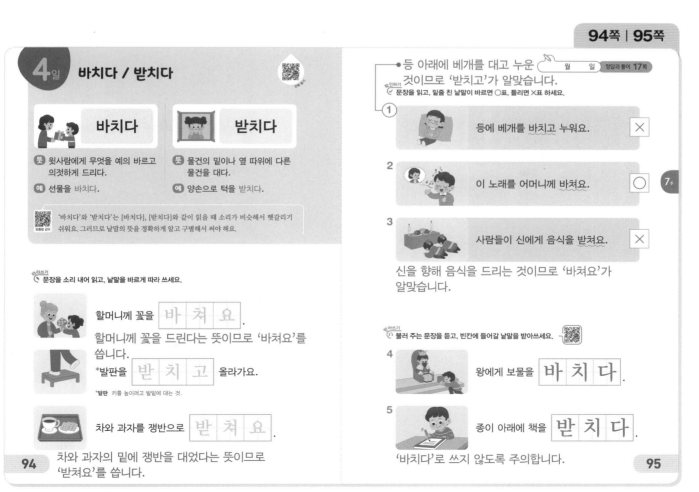

• 등 아래에 베개를 대고 누운 것이므로 '받치고'가 알맞습니다.

확인하기
문장을 읽고, 밑줄 친 낱말이 바르면 ○표, 틀리면 ✕표 하세요.

1 등에 베개를 바치고 누워요. **✕**

2 이 노래를 어머니께 바쳐요. **○**

3 사람들이 신에게 음식을 받쳐요. **✕**

신을 향해 음식을 드리는 것이므로 '바쳐요'가 알맞습니다.

받아쓰기
불러 주는 문장을 듣고, 빈칸에 들어갈 낱말을 받아쓰세요.

4 왕에게 보물을 **바 치 다** .

5 종이 아래에 책을 **받 치 다** .

'바치다'로 쓰지 않도록 주의합니다.

95

5일 실력 쑥쑥 마무리

빈칸에 들어갈 알맞은 낱말에 ○표 하여 다람쥐가 길을 찾아갈 수 있도록 도와주세요.

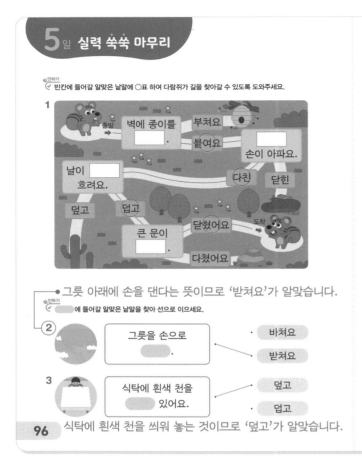

1

• 그릇 아래에 손을 댄다는 뜻이므로 '받쳐요'가 알맞습니다.

□에 들어갈 알맞은 낱말을 찾아 선으로 이으세요.

2

그릇을 손으로 ___ .
· 바쳐요
· 받쳐요

3

식탁에 흰색 천을 ___ 있어요.
· 덮고
· 덥고

96 식탁에 흰색 천을 씌워 놓는 것이므로 '덮고'가 알맞습니다.

월 일 정답과 풀이 18쪽

불러 주는 문장을 잘 듣고, 맞춤법에 주의하며 받아쓰세요.

4
다 친 ∨ 손 이 ∨ 아 파 요 .

5
날 이 ∨ 덥 고 ∨ 흐 려 요 .

6
큰 ∨ 문 이 ∨ 닫 혔 어 요 .

7
그 릇 을 ∨ 손 으 로 ∨ 받 쳐
요 .

8
식 탁 에 ∨ 흰 색 ∨ 천 을 ∨
덮 고 ∨ 있 어 요 .

이렇게 띄어 쓰세요
'흰색'과 '천'처럼 각각 혼자서 쓸 수 있는 낱말과 낱말 사이는 띄어 써요.

97

7주

1일 날다 / 나르다

• '날다'는 문장에서 '날고, 나니, 나는'으로 쓰입니다.

날다	나르다
뜻 공중에 떠서 어떤 방향으로 움직이다.	뜻 물건을 한 곳에서 다른 곳으로 옮기다.
예 새가 높이 날다.	예 짐을 나르다.

'날다'와 '나르다'는 글자 모양은 비슷하지만 뜻이 서로 다르므로 구별해서 써야 해요. 특히 '날다'는 '하늘을 나는'처럼 쓰이므로 '하늘을 날으는'으로 잘못 쓰지 않도록 주의해요.

• '나르다'는 문장에서 '나르고, 나르니, 나르는'으로 쓰입니다.

문장을 소리 내어 읽고, 낱말을 바르게 따라 쓰세요.

벌이 꽃밭 위를 [날 고] 있어요.
'날으고'가 아닌 '날고'가 맞는 표현입니다.

큰 공을 [나 르 고] 있어요.
'날르고'가 아닌 '나르고'가 맞는 표현입니다.

친구와 함께 책을 [날 라 요]

100

월 일 정답과 풀이 18쪽

문장을 읽고, □ 안의 낱말이 바르면 ○표, 틀리면 ✕표 하세요.

1
하늘을 [날고] 싶어요. (○)

2
화분을 [나르고] 있어요. (○)

3
이삿짐을 차에 실어 [날아요]. (✕)

• 이삿짐을 다른 곳으로 옮기는 것이므로 '날라요'로 쓰는 것이 알맞습니다.

• 비행기가 공중에 떠서 움직인다는 뜻이므로 '날다'로 표현합니다.

불러 주는 문장을 듣고, 빈칸에 들어갈 낱말을 받아쓰세요.

4
비행기가 [날 다].

5
무거운 상자를 [나 르 다].

'날르다'로 쓰지 않도록 주의합니다.

101

8주

2일 두껍다 / 두텁다

두껍다

뜻 물건의 두꺼운 정도가 보통의 정도보다 크다.

예 기둥이 두껍다.

두텁다

뜻 정이나 믿음, 사랑이 깊고 튼튼하다.

예 사랑이 두텁다.

'두껍다'와 '두텁다'는 글자 모양이 비슷해서 잘못 쓰기 쉬워요. '두껍다'는 '얇다'의 반대말이고, '두텁다'는 정이나 사랑과 관련 있는 낱말이라는 것을 기억해 주세요.

따라쓰기
문장을 소리 내어 읽고, 낱말을 바르게 따라 쓰세요.

두 꺼 운 겉옷을 입어요.

겨울 이불은 두 꺼 워 요 .

겨울 이불은 두꺼운 정도가 크다는 뜻이므로 '두꺼워요'를 씁니다.

이웃 사이에 정이 두 터 워 요 .

정과 관련해서는 '두터워요'를 씁니다.

102

• '우애'와 같은 관계는 '두터워요'가 알맞습니다.

월 일 정답과 풀이 19쪽

확인하기 문장을 읽고, 알맞은 낱말에 ◯표 하세요.

1 우리는 *우애가 두꺼워요 (두터워요) .

*우애 형제 또는 친구 사이의 사랑이나 정.

2 우리는 (두꺼운) 두터운 책을 함께 읽어요.

책 두께를 말한 것이므로 '두꺼운'이 알맞습니다.

• 고기의 두께는 '두껍다'라고 표현합니다.

받아쓰기 불러 주는 문장을 듣고, 빈칸에 들어갈 낱말을 받아쓰세요.

3 고기가 매우 두 껍 다 .

4 부모님의 사랑이 두 텁 다 .

사랑은 '두텁다'라고 표현합니다.

103

3일 비추다 / 비치다

비추다

뜻 빛을 쏘아 무엇을 밝히거나 나타나게 하다.

예 불빛이 방을 비추다.

비치다

뜻 빛이 나서 환하게 되다.

예 별빛이 비치다.

'비추다'와 '비치다'는 글자의 모양이 비슷해서 잘못 쓰기 쉬우니 뜻을 잘 구별해서 써야 해요. '비추다'는 '비치다'와 달리 '무엇을 비추는지'가 꼭 드러나야 해요.

'비추다'는 '무엇이 무엇을 비추다'와 같이 쓰입니다.

따라쓰기 문장을 소리 내어 읽고, 낱말을 바르게 따라 쓰세요.

가로등이 거리를 비 추 고 있어요.

손전등으로 바닥을 비 추 어 요 .

창문에 빛이 비 치 어 요 .

창문에 빛이 들어와 환하게 보이는 것이므로 '비치어요'를 씁니다.

104

• 불빛이 바다를 밝히고 있으므로 '비추어요'가 알맞습니다.

월 일 정답과 풀이 19쪽

확인하기 문장을 읽고, 알맞은 낱말을 사용한 문장에 ✓표 하세요.

1 ☑ 불빛이 바다를 비추어요.
☐ 불빛이 바다를 비치어요.

2 ☑ 달빛이 우리를 비추고 있어요.
☐ 달빛이 우리를 비치고 있어요.

3 ☐ 구름 사이로 햇빛이 비추어요.
☑ 구름 사이로 햇빛이 비치어요.

햇빛이 나서 환하게 된 것이므로 '비치어요'가 알맞습니다.

• 햇살이 빛나서 꽃이 환하게 된 것이므로 '비치다'로 표현합니다.

받아쓰기 불러 주는 문장을 듣고, 빈칸에 들어갈 낱말을 받아쓰세요.

4 꽃에 햇살이 비 치 다 .

5 *조명이 얼굴을 비 추 다 .

*조명 무대나 사진 촬영의 대상에 비추는 빛.

조명이 얼굴을 밝히고 있으므로 '비추다'로 표현합니다.

105

정답과 풀이 **19**

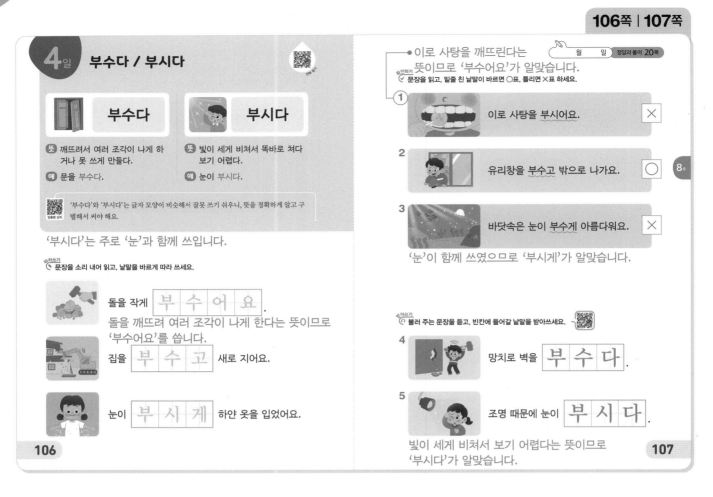

4일 부수다 / 부시다

부수다

뜻 깨뜨려서 여러 조각이 나게 하거나 못 쓰게 만들다.
예 문을 부수다.

부시다

뜻 빛이 세게 비쳐서 똑바로 쳐다보기 어렵다.
예 눈이 부시다.

'부수다'와 '부시다'는 글자 모양이 비슷해서 잘못 쓰기 쉬우니, 뜻을 정확하게 알고 구별해서 써야 해요.

'부시다'는 주로 '눈'과 함께 쓰입니다.

문장을 소리 내어 읽고, 낱말을 바르게 따라 쓰세요.

돌을 작게 **부수어요**.
돌을 깨뜨려 여러 조각이 나게 한다는 뜻이므로 '부수어요'를 씁니다.

집을 **부수고** 새로 지어요.

눈이 **부시게** 하얀 옷을 입었어요.

106

이로 사탕을 깨뜨린다는 뜻이므로 '부수어요'가 알맞습니다.
✓ 문장을 읽고, 밑줄 친 낱말이 바르면 ○표, 틀리면 ✗표 하세요.

1. 이로 사탕을 부시어요. ✗

2. 유리창을 부수고 밖으로 나가요. ○

3. 바닷속은 눈이 부수게 아름다워요. ✗

'눈'이 함께 쓰였으므로 '부시게'가 알맞습니다.

불러 주는 문장을 듣고, 빈칸에 들어갈 낱말을 받아쓰세요.

4. 망치로 벽을 **부수다**.

5. 조명 때문에 눈이 **부시다**.

빛이 세게 비쳐서 보기 어렵다는 뜻이므로 '부시다'가 알맞습니다.

107

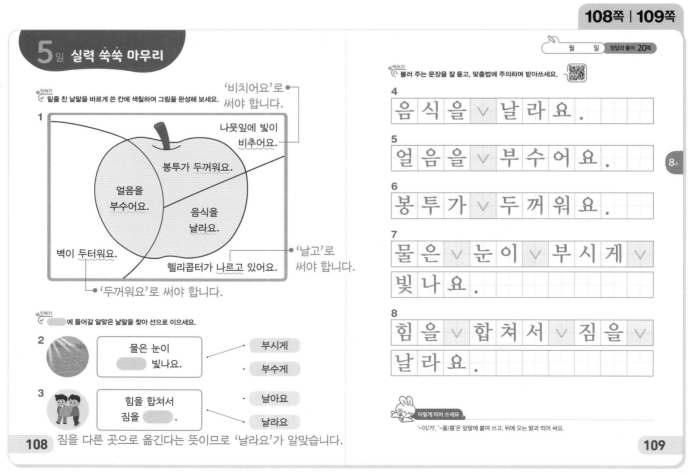

5일 실력 쑥쑥 마무리

'비치어요'로 써야 합니다.

밑줄 친 낱말을 바르게 쓴 칸에 색칠하여 그림을 완성해 보세요.

1.
나뭇잎에 빛이 비추어요.
봉투가 두꺼워요.
얼음을 부수어요.
음식을 날라요.
벽이 두터워요.
헬리콥터가 나르고 있어요.

'날고'로 써야 합니다.
'두꺼워요'로 써야 합니다.

에 들어갈 알맞은 낱말을 찾아 선으로 이으세요.

2. 물은 눈이 빛나요. · 부시게
· 부수게

3. 힘을 합쳐서 짐을 . · 날아요
· 날라요

108 짐을 다른 곳으로 옮긴다는 뜻이므로 '날라요'가 알맞습니다.

불러 주는 문장을 잘 듣고, 맞춤법에 주의하며 받아쓰세요.

4. 음식을 ∨ 날라요.

5. 얼음을 ∨ 부수어요.

6. 봉투가 ∨ 두꺼워요.

7. 물은 ∨ 눈이 ∨ 부시게 ∨ 빛나요.

8. 힘을 ∨ 합쳐서 ∨ 짐을 ∨ 날라요.

이렇게 띄어 쓰세요
'~이/가', '~을/를'은 앞말에 붙여 쓰고, 뒤에 오는 말과 띄어 써요.

109

부모님이 불러 주는
받아쓰기 대본

띄어쓰기를 생각하며 정확한 발음으로 읽어 주세요. 문장 부호도 함께 읽어 주세요.
받아쓰기 문제의 QR코드를 통해서도 내용을 들으실 수 있습니다.

1주

17쪽

4 가족 사진이에요.

5 동녘 하늘에 해가 떠요.

19쪽

4 노란 옷도 넣어요.

5 형은 밤낮 공부만 해요.

21쪽

4 윷과 말판을 꺼내요.

5 가마솥 뚜껑이 무거워요.

23쪽

4 무릎 상처가 아파요.

5 잎 색깔이 노랗게 변했어요.

25쪽

4 옷도 ∨ 입어요.

5 창밖도 ∨ 어두워요.

6 잎과 ∨ 꽃이 ∨ 피어요.

7 씨앗 ∨ 심은 ∨ 곳에 ∨ 싹이 ∨ 났어요.

8 앞치마를 ∨ 입고 ∨ 설거지를 ∨ 해요.

2주

29쪽

4 책장에서 책을 꺼내요.

5 학교에서 친구를 만나요.

31쪽

4 배에서 낚시를 해요.

5 남녘도 추워졌어요.

33쪽

4 밑줄을 그으며 책을 읽어요.

5 돋보기로 개미를 보아요.

35쪽

4 접시가 깨졌어요.

5 숲속에서 사슴이 뛰어놀아요.

37쪽

4 학교에 ∨ 가요.

5 낚시를 ∨ 해요.

6 깍두기는 ∨ 매워요.

7 접시를 ∨ 깨끗하게 ∨ 닦다.

8 아기가 ∨ 크게 ∨ 우는 ∨ 소리를 ∨ 듣다.

✏ **3주**

41쪽

4 글 자 를 써요.

5 눈 사 람 을 만들어요.

43쪽

4 등 불 을 켜요.

5 보 름 달 이 떴어요.

45쪽

4 공책에 이름을 썼 다 .

5 기분이 좋아서 웃 다 .

47쪽

4 늦 가 을 은 쌀쌀해요.

5 친구와 꽃 밭 을 걸어요.

49쪽

4 옷 장 에 ∨ 넣 어 요 .

5 돛 단 배 를 ∨ 타 요 .

6 밤 길 은 ∨ 어 두 워 요 .

7 풀 밭 에 ∨ 누 워 서 ∨ 낮 잠 을 ∨ 자 요 .

8 날 씨 가 ∨ 따 뜻 해 서 ∨ 눈 사 람 이 ∨ 녹 아 요 .

✏ **4주**

53쪽

4 아 기 가 장난감을 흔들어요.

5 동생은 창 피 해하며 숨었어요.

55쪽

4 며 칠 동안 이곳에서 지내요.

5 놀기에 알 맞 은 곳이에요.

57쪽

4 가방을 들어 줄 게 .

5 공부를 열심히 할 걸 .

59쪽

5 친구와 가 까 이 서요.

6 이 게임은 솔 직 히 지루해요.

61쪽

4 솔 직 히 ∨ 말 해 요 .

5 나 ∨ 먼 저 ∨ 갈 게 .

6 아 기 가 ∨ 잠 을 ∨ 자 요 .

7 집 에 서 ∨ 나 올 ∨ 때 ∨ 우 산 을 ∨ 챙 길 걸 .

8 숲 에 서 ∨ 길 을 ∨ 잃 었 다 니 ∨ 정 말 ∨ 창 피 해 .

65쪽

4 찌 개 에 호박을 넣어요.

5 침대 위에 베 개 가 있어요.

67쪽

4 안부를 묻 다 .

5 숟 가 락 과 젓가락을 놓다.

69쪽

3 날씨가 안 더워요.

4 친구를 놀리지 않 아요.

71쪽

5 새싹이 자라 꽃이 되 었어요.

6 추우면 얼굴이 빨갛게 돼 요.

73쪽

4	찌	개	를	∨	끓	여	요	.	
5	숟	가	락	을	∨	놓	아	요	.
6	밥	이	∨	다	∨	되	었	어	요	.
7	길	에	∨	쓰	레	기	를	∨	버	리
	지	∨	않	아	요	.			
8	베	개	를	∨	베	고	∨	쿨	쿨	∨
	잠	을	∨	자	요	.			

77쪽

4 자루에서 쌀이 새 다 .

5 윤아는 팔 힘이 세 다 .

79쪽

4 보따리를 메 다 .

5 안전띠를 매 다 .

81쪽

3 머리를 멋지게 빗 다 .

4 흙으로 도자기를 빚 다 .

83쪽

4 새집을 짓 다 .

5 까치가 짖 다 .

85쪽

4	리	본	을	∨	매	요	.		
5	밀	가	루	가	∨	새	요	.	
6	그	릇	을	∨	빚	어	요	.	
7	내	∨	친	구	는	∨	힘	이	∨	무
	척	∨	세	다	.				
8	머	리	카	락	을	∨	빗	으	로	∨
	단	정	하	게	∨	빗	다	.		

7주

89쪽

4 솥에 뚜껑을 덮 다 .

5 에어컨이 고장 나서 덥 다 .

91쪽

3 뚜껑이 꽉 닫 히 다 .

4 짐을 들다가 허리를 다 치 다 .

93쪽

3 냉장고에 자석을 붙 이 다 .

4 삼촌께 드릴 선물을 부 치 다 .

95쪽

4 왕에게 보물을 바 치 다 .

5 종이 아래에 책을 받 치 다 .

97쪽

4 다 친 ∨ 손 이 ∨ 아 파 요 .

5 날 이 ∨ 덥 고 ∨ 흐 려 요 .

6 큰 ∨ 문 이 ∨ 닫 혔 어 요 .

7 그 릇 을 ∨ 손 으 로 ∨ 받 쳐 요 .

8 식 탁 에 ∨ 흰 색 ∨ 천 을 ∨ 덮 고 ∨ 있 어 요 .

8주

101쪽

4 비행기가 날 다 .

5 무거운 상자를 나 르 다 .

103쪽

3 고기가 매우 두 껍 다 .

4 부모님의 사랑이 두 텁 다 .

105쪽

4 꽃에 햇살이 비 치 다 .

5 조명이 얼굴을 비 추 다 .

107쪽

4 망치로 벽을 부 수 다 .

5 조명 때문에 눈이 부 시 다 .

109쪽

4 음 식 을 ∨ 날 라 요 .

5 얼 음 을 ∨ 부 수 어 요 .

6 봉 투 가 ∨ 두 꺼 워 요 .

7 물 은 ∨ 눈 이 ∨ 부 시 게 ∨ 빛 나 요 .

8 힘 을 ∨ 합 쳐 서 ∨ 짐 을 ∨ 날 라 요 .

실수를 줄이는 한 끗 차이!

빈틈없는 연산서

- 교과서 전단원 연산 구성　　・하루 4쪽, 4단계 학습　　・실수 방지 팁 제공

수학의 기본

실력이 완성되는 강력한 차이!

새로워진
유형서

- 기본부터 응용까지 모든 유형 구성
- 대표 예제로 유형 해결 방법 학습
- 서술형 강화책 제공

개념 이해가 실력의 차이!

대체불가
개념서

- 교과서 개념 시각화 구성
- 수학익힘 교과서 완벽 학습
- 기본 강화책 제공

맞춤법 + 받아쓰기
정답과 풀이

동아출판 초등 무료 스마트러닝

동아출판 초등 무료 스마트러닝으로
초등 전 과목 · 전 영역을 쉽고 재미있게!

백점수학 5-1 동영상 학습
개념 강의, 문제풀이 전략 강의

과목별 · 영역별 특화 강의

전 과목 개념 강의

국어 독해 지문 분석 강의

구구단 송

그림으로 이해하는 비주얼씽킹 강의

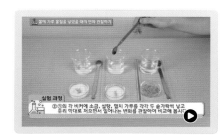

과학 실험 동영상 강의

과목별 문제 풀이 강의

서비스 제공 교재 동아전과 | 백점 시리즈 | 큐브 | 빠작 초등 국어 | 초능력 | 초고필 | 하이탑 초등 과학